Introducción a la antropología de la salud, la enfermedad y los sistemas de cuidados

Introducción a la antropología de la salud, la enfermedad y los sistemas de cuidados

Álvaro Bernalte Benazet
María Teresa Miret García
Silvia Rico Botella

libros
en red
www.librosenred.com

Dirección General: Marcelo Perazolo
Dirección de Contenidos: Ivana Basset
Diseño de cubierta: Cinzia Ponisio
Diagramación de interiores: Florencia N. Acher Lanzillotta

Primera edición en español - Impresión bajo demanda

© LibrosEnRed, 2007
Una marca registrada de Amertown International S.A.

ISBN: 978-1-59754-267-8

Para encargar más copias de este libro o conocer otros libros de esta colección visite www.librosenred.com

Dedicado a mi madrina, Margarita Benazet Jacas, recordando aquellos tiempos en que nos hacía jugar y cantar sentados en el jardín (in memoriam).

Álvaro

"¿Cómo es posible que una simple treta de niños ascendiera a la categoría de prueba iniciática de una secta milenaria? Solo podía encontrar dos explicaciones: la primera, que lo que siglos atrás se consideraba el summum de la ciencia ahora se había reducido al nivel de los estudios primarios, y la otra, inaudita y difícil de aceptar, que la sabiduría del pasado podía cruzar los siglos escondida tras ciertas costumbres populares, cuentos, juegos infantiles, leyendas, tradiciones, e, incluso, libros aparentemente inocuos. Para descubrirla, solo hacía falta cambiar la forma de mirar el mundo..."

Asensi, M. (2005), *El último Catón*, Random House

A MODO DE REFLEXIÓN INICIAL

Creemos que hay que contextualizar que vivimos y escribimos en una sociedad que forma parte de la que se está modelando en este gran mercado, antes llamado Europa, donde al parecer circulan con libre paso desde mercancías hasta seres humanos, aunque al parecer más protegidas y valoradas las primeras que los segundos.

Sobre nosotros y nuestro modo de vivir y sobre todo sobre nuestro modo de consumir recae una mirada expectante pidiendo ayuda de más allá de nuestras fronteras; procede prioritariamente del Norte de África (Magreb) y de la castigada África subsahariana.

Esta necesidad que es solo mitigada por el éxito de algunas cohortes migratorias para alcanzar las costas de "El Dorado"; nos lleva a la reflexión sobre nuestro espacio europeo, en el que viven personas de diferentes culturas de este viejo continente, pero también residen ya aquí, millones personas procedentes de África, Hispanoamérica y de Asia.

Y en esta situación es necesario que nuestros profesionales en general y los que trabajan en el campo de la salud en particular, tengan unos conocimientos básicos sobre las diferencias culturales, y que conozcan algunas estrategias de cuidados que sean respetuosas con los rasgos culturales de esos llamados "otros" que a veces están tan próximos; en definitiva que sean reconocedores de la existencia de la multiculturalidad.

Con este manual introductorio pretendemos que el lector al finalizar su lectura haya forjado un concepto de lo que es la

Antropología y la Cultura, y la relación entre ambas; también una cierta comprensión de la historia de la Antropología, sabiéndose situar en sus períodos precientífico y científico; y un somero conocimiento de la aplicación de la Antropología en el campo de la salud, la enfermedad y los sistemas de cuidados, iniciada por Ackernecht creador de la Antropología Médica.

También situaremos al lector introduciendo al final de esta reflexión, una síntesis más específica de la aplicación de la Antropología a ciertos campos de la salud, como la Psiquiatría o la Enfermería, realizando pues una breve aproximación a la Psiquiatría y a la Enfermería transculturales.

En este sentido y como una primera aproximación, diremos que en todas las culturas existe una forma de dar explicaciones al mundo que nos rodea, es decir, cada grupo tiene su propia cosmogonía; y todas ellas contienen una explicación sobre la enfermedad, la salud y la muerte. La importancia que en la cosmogonía de todas las culturas tiene la enfermedad su concepto y su explicación, justifica –en parte– que los antropólogos la hayan convertido en un área específica de estudio.

Por todo ello, el propósito de estas líneas, no es exprimir los conceptos y las relaciones entre: cultura y enfermedad; pacientes, especialistas y sistemas de cuidados; que en definitiva son los objetos de estudio de la antropología de la medicina y de la antropología aplicada a los cuidados de salud sino pasar, de puntillas, dejando flecos para estimular a que otros, sin duda con más éxito, las retomen y profundicen en ellas.

Cultura y Antropología

La Antropología[1], según Claude Levi-Straus, tenía por objeto el estudio del hombre y "en principio" solo se distinguía de las demás ciencias humanas por lo acusadamente alejado, en espacio y tiempo, de las formas de vida, pensamiento y actividad humana que trataba inicialmente de describir y analizar.

Trataremos de aproximarnos al término mediante una definición absolutamente descriptiva realizada por Marvin Harris:

> "La Antropología es el estudio de la humanidad, de los pueblos antiguos y modernos y de sus estilos de vida. Las diferentes ramas de la Antropología se centran en distintos aspectos de la experiencia humana. Algunas de ellas estudian cómo nuestra especie evolucionó a partir de especies más antiguas. Otras estudian como llegamos a poseer la aptitud para el lenguaje, de qué manera lo desarrollamos y lo diversificamos y los modos en que las lenguas modernas satisfacen las necesidades de la comunicación humana. Otras, por último, se ocupan de las tradiciones aprendidas del pensamiento y la conducta humanas, de la forma en que evolucionaron las culturas antiguas y de cómo y por qué cambian o permanecen inmutables las culturas modernas" (2002:19).

Hemos de indicar que del tronco común: la Antropología, nacen desde la concepción americana: la Antropología cultural (o Social), la Arqueología, la Lingüística antropológica, la Antropología física (o biológica) y la Antropología aplicada

---

[1] Etnología.

Utilizaremos el término Antropología y diremos como indica Mercier, que el término era ya era utilizado en la Grecia Clásica:

"...El término es antiguo: A. C. Haddon señala su utilización por Aristóteles así como por otros autores griegos..." (Mercier, P.; 1995:5).

Quizás la mejor forma de consensuar ideas sobre el término, sería traer a estas páginas una de las definiciones que más se han "sostenido" a lo largo de los dos últimos siglos, la de Sir Edward Burnett Tylor, autor que nacido en el seno de una familia de cuáqueros bien situada económicamente, por motivos de salud tuvo que viajar, durante estos viajes empezó a interesarse por las culturas prehispánicas mexicanas, en especial los Azteca. Sobre este pueblo escribió un libro, "Anahuac or México and the Mexicans, Ancient and Modern", publicado en 1861. En este ensayo inicial ya muestra las líneas teóricas en las que se puede enmarcar su trayectoria como antropólogo, al interesarse por la evolución y el desarrollo cultural. Tras volver a Inglaterra inicia sus estudios en Oxford. En 1894 es nombrado lector de Antropología, lo que le convierte en el primer etnólogo profesional de relevancia y en el primer académico en Antropología. Como evolucionista, pensaba que la historia cultural de la Humanidad podía dividirse en tres etapas:

- salvajismo, expresado como un sistema poco desarrollado, cuya economía se basaba en la caza y la recolección.
- barbarie, caracterizado por el empleo de la agricultura y en la que ya se conocen y utilizan los metales, y
- civilización, cuya característica principal es la utilización de un sistema de escritura.

Como decíamos es al fundador de la Antropología académica[2], al que hay que recurrir para una definición aceptada ge-

---

[2] Para Tylor las religiones primitivas se caracterizaban por la creencia en "seres espirituales", modo de pensar que llamó animismo y que caracterizaba a los grupos humanos situados en las etapas evolutivas más bajas. Entre sus obras "Researches into the History of Mankind" (1865)", "Primitive Culture: Researches into the Development of Mythology, Philosophy, Religion, Art and Custom" (1871), "Ancient Society" (1877), y "Anthropology: an Introduction to the Study of Man and Civilization" (1881).

neralmente, y que exponía en su texto de Antropología general de la siguiente forma:

"La cultura [...] en su sentido etnográfico amplio, es ese todo complejo que comprende conocimientos, creencias, arte, moral, derecho, costumbres y cualesquiera otras capacidades y hábitos adquiridos por el hombre en tanto que miembro de la sociedad..." (tomado de Harris, M.; 1998:166).

Harris nos habla también del concepto de cultura, termino que no es "entendido" homogéneamente por los antropólogos, como ya mencionábamos y comenta que puede ser entendida por algunos antropólogos cómo un fenómeno mental, consistente en un conjunto de ideas compartidas de cómo se debe actuar; o en el otro extremo, los que la conceptualizan como él desde el materialismo cultural como:

"... el estilo de vida total, socialmente adquirido, de un grupo de personas, que incluye los modos pautados y recurrentes de pensar, sentir y actuar" (Harris, M.; 1998:166).

También el término es mal utilizado cuando se confunde cultura y sociedad[3], dado que por ésta entendemos nosotros, un grupo de personas que organizan su vida en común, y cuyos objetivos son, entre otros, la supervivencia y el bienestar.

En antropología, se habla de la existencia de tres momentos, a saber:

a. Etnografía, básicamente se refiere al hecho de recoger información, y realizar descripciones sobre un pueblo.
b. Etnología, va más allá de la descripción intentando clasificar a los pueblos comparándolos con referencia a sus semejanzas y diferencias culturales (lenguaje, modos de vida, modos de pensamiento, tipos de vivienda,...).
c. Antropología, intenta definir teorías en base a la etnología.

---

[3] Si bien depende de la posición teórica y de la procedencia se establecen diferentes visiones de la cultura y la sociedad, quizás una muy plástica es considerar ambas como las dos caras de una misma moneda.

Se puede describir la Antropología como hacía Levi-Strauss que establecía que la etnografía, la etnología y la antropología no constituyen tres disciplinas o tres concepciones distintas de los mismos estudios, sino tres momentos de la investigación; la etnografía constituye, pues, la primera etapa de la investigación cultural, es a la vez como veremos un trabajo de campo (proceso) y un estudio monográfico (producto).

Cuando se habla de tipos de etnografía, lo hacemos de:

a. Etnografía meramente descriptiva, cuyos destinatarios son los lectores (casi siempre del mundo académico) de la misma cultura que el antropólogo.

b. Etnografía activa, que denominaríamos por encargo de los propios etnografiados o de otros, y que puede revertir en los mismos, por ejemplo actuando en la resolución de los problemas detectados y analizados.

Los antropólogos se han afirmado como sociales o culturales y de su posición en cuanto al término, nos dice Mercier:

"El concepto de cultura fue puesto de moda por los antropólogos, incluso antes de que fuera objeto de un análisis minucioso y de esfuerzos de definición sistemática..." (...) "El término Antropología cultural surgió de un modo natural en el momento en que se dibujó en el estudio del hombre el reparto de tareas, ligado a su progreso y a la elaboración de técnicas especializadas de investigación, y ha seguido siendo empleado, de un modo cada vez más exclusivo, por la tradición americana. El término de Antropología social es más tardío, datable aproximadamente en los primeros años del siglo XX. Nacido en Gran Bretaña, llegó a ser un término común para designar al conjunto de la ciencia." (Mercier; P.; 1995: 5-6).

La antropología que inició su andadura estudiando pueblos primitivos o sociedades poco complejas, ha aumentado su campo de estudio a otras sociedades más complejas y para ello ha tenido que superar los procedimientos clásicos de investigación, para valerse de todos los medios a su alcance, ya sea situándose lejos del hombre en su condición de ser pensante como hacen la Antropología física, la Tecnología y la Prehistoria (que pretenden descubrir verdades sobre el hombre a partir de los huesos y las secreciones o de los utensilios construidos) ya sea, situándose más cerca que el historiador o el filólogo, compartiendo su vida (como hace el etnógrafo).

El autor antes mencionado, decía que la originalidad de la etnología (Antropología) residía precisamente en el hecho de que siendo una ciencia humana, no puede permitir que se la aísle de las ciencias naturales y sociales con las que varios de sus métodos mantienen tantas cosas en común.

Dentro de estas pequeñas referencias, comentaremos que la primera persona que obtuvo el título de profesor de Antropología fue Sir James Frazer (cátedra honoraria de la Universidad de Liverpool en 1908); pero quien como hito fundamental del trabajo científico de los antropólogos, definió el trabajo de campo como un "ritual" o "rite de passage" ineludible para la Antropología fue Rivers y quien lo realizó inmerso en el campo por primera vez para los antropólogos fue Bronislaw Malinowski experiencia que fue narrada, por él mismo, en el capítulo introductorio de su libro *Los argonautas del pacífico occidental* (1922).

Y que decir de la cultura y la sociedad, quizás a modo de ejemplo comentar que en un Symposium de Antropología en Nueva Cork dos magníficos antropólogos, como Kroeber y Levi-Strauss, defendían que eran dos niveles de ataque de una misma realidad, y al respecto de ello Mercier, P. nos comenta:

> "... indicaban la ventaja de la doble calificación expresando los dos niveles posibles de ataque de una misma realidad, los dos posibles caminos de la investigación. A. L. Kroeber ya había comparado en otra ocasión la cultura y la sociedad a las dos caras de una «misma hoja de papel carbón», que no pueden ser separadas una de otra" (1995:6)

Debemos señalar que a lo largo, sobretodo, del s. XX, la Antropología no es ya aquella ciencia que estudiaba a los primitivos, ha evolucionado y ampliado sus objetivos, de dos formas diferentes:

- cuantitativamente, dado que ha diversificado las sociedades que son su objeto de estudio, y además,
- cualitativamente, saltándose las barreras de diversos ordenes de conocimiento, aunque conservando sus características como disciplina.

Así los antropólogos han asumido la tarea de estudiar la condición humana en todas sus variedades, tanto pasadas como presentes, por todos los medios disponibles; y es por ello que podemos hablar de:

- Antropología física: que estudia lo problemas relativos a las características físicas y anatómicas de la especie humana
- Antropología social y cultural, que ha tratado y trata de recoger e interpretar los modos de vida de los grupos organizados de personas, mediante una íntima asociación con ellos.

Breve historia de la Antropología

Podríamos decir remedando a Lienhardt (1966:13), que la Antropología es una ciencia joven y con conexiones –estrechas– con otras ciencias:

"La Antropología social (cuando menos con este nombre) es la más joven de las ciencias sociales. Está conectada con materias más viejas y más conocidas, como la Historia y la Sociología, y no se la distingue claramente de ellas. Pero, por regla general, los pueblos que han suscitado el mayor interés en los antropólogos sociales difieren de aquellos estudiados por los historiadores, de un lado, o por los sociólogos del otro, en dos aspectos principales. Esos pueblos han carecido de tradición escrita o de la complejidad social o tecnológica que interesa a los sociólogos..." Lienhardt (1966:13).

A pesar de estar de acuerdo básicamente con el autor antes referenciado, consideramos que podemos remontarnos en lo que denominaríamos la "prehistoria" de la disciplina, observando las respuestas de las que los hombres se han dotado para interpretar el mundo que les rodeaba y contestar a los interrogantes que les atenazaban, les oprimían y les asediaban; han sido esas primeras antropologías las que analizaron su cosmogonía, y así la prehistoria de las Antropologías científicas o positivas se pueden situar cuando la recogida de datos se hizo con el fin de iniciar una reflexión sobre las sociedades.

Ya en la antigüedad Herodoto, Diodoro y Pausanias recogieron costumbres extrañas practicadas por pueblos lejanos y cercanos, aunque la narración quedaba alejada de la autentica observación, ya que su objetivo era desacreditar a los adversarios, y no había ninguna consideración intelectual, ni moral, así por ejemplo Plutarco, en sus "Moralia", se contenta en yuxtaponer interpretaciones corrientes acerca de ciertas costumbres griegas o romanas, sin plantearse la cuestión de su valor relativo y sin interrogarse sobre los problemas.

Sobre el hálito que sustenta la progresión de la Antropología, son muy acertadas las palabras de Harris:

> "El impulso que subyace al desarrollo de la Antropología cultural es probablemente tan antiguo como nuestra especie. Los miembros de los diferentes grupos humanos siempre han sentido curiosidad acerca de las tradiciones y costumbres de los extraños..." (2002:737).

Tampoco puede ser objeto de controversia, la existencia de una proto-antropología que parece dada al conocimiento de los pueblos, muy ligada al hecho de "conocer para dominar" y que a lo largo de la historia ha sido realizada por monjes, viajeros, funcionarios,... etcétera, y por lo tanto muy ligada al descubrimiento del nuevo mundo y por tanto a la colonización en general, no solamente a la realizada por los españoles.

Superada esa fase, Ward H. Goodenough, manifestaba que se puede fijar el inicio de la Antropología como disciplina formal en el siglo XIX, así mismo, otros autores como Lienhardt fijan también su inicio en las mismas fechas

> "... principió a convertirse en un tema universitario diferente durante el s. XIX" (1966:15).

Nos podríamos preguntar sobre esta ciencia qué aporta pues su objeto de estudio es el hombre, por lo tanto el mismo que para otras ciencias, y la respuesta es que aquello que la identifica o diferencia es su interés por el hombre en cuanto a ser social.

La antropología ha ido evolucionando, dejando viejos temas de estudio y de reflexión paralelamente al hecho de alejarse del estudio del exotismo de ciertas sociedades hacia la reflexión sobre sistemas sociales y grupos más complejos:

"... no esforzaremos más nuestro ingenio para suministrar relatos verosímiles de los orígenes de cada una de las instituciones sociales: el matrimonio, la familia, la religión y otros conceptos análogos" Lienhardt, G. (1966:15).

Debemos reafirmarnos en el "mea culpa" del etnocentrismo y de la mala utilización que de los antropólogos y de sus estudios han realizado los gobiernos coloniales unas veces para resolver problemas prácticos[4] y morales, y otras para evitar el conflicto social que derivaba en revuelta y generaba represión.

Ciertamente las conquistas provocaron una serie de problemas prácticos en orden a las condiciones en que vivían los colonizados y las responsabilidades que en cuanto a esto tenían los conquistadores, posteriormente los primeros problemas morales surgían de la condición "humana" o no de los conquistados, lo cual influía en sus posibles derechos y deberes. Un antropólogo James Cowles Pritchard nos lo describe de forma ejemplar:

"... trataron de utilizar el conocimiento científico de las diferentes razas con el interés de tener un trato humano y justo con ellos. En *The Natural History of Man* (1843), se propone la tarea de examinar todas las pruebas posibles de las características físicas y morales de los diferentes pueblos, con el propósito de averiguar si tal estudio empírico confirmaría las enseñanzas de las Escrituras que establecen que "agradó al Creador Todopoderoso hacer de una sangre todas las naciones de la tierra" Lienhardt, G. (1966:17)[5].

[4] Estamos de acuerdo con los problemas morales que añade a los prácticos Godfrey Lienhardt, y como ejemplo citar que los problemas teológicos se mezclaron con los de gobierno en la conquista de las indias por los españoles.

[5] "El mismo Pritchard escribió: Si el negro y el australiano no son nuestros semejantes ni forman una sola familia con nosotros, sino que son de un orden inferior, y si nuestros deberes hacia ellos no están considerados —como podemos presumir en este caso que no lo han sido— en ninguno de los preceptos positivos en que se funda la moralidad del mundo cristiano, nuestras relaciones con esas tribus no resultarán muy diferentes de aquellas que pudieran imaginarse que subsisten entre nosotros y una raza de orangutanes" Lienhardt (1966:17-18).

Rodeaba en sus albores a nuestra ciencia un cierto fi-
lantropismo y humanitarismo, aún así la presión cada vez
mayor sobre los conquistados hacia prever su posible desaparición, así de forma premonitoria el mismo Pritchard
comentaba:

> "Muchos de los problemas más interesantes y extraños que-
> darán sin resolver si las diferentes razas de la humanidad
> empiezan a disminuir en número, y cuando las tribus de
> América, Australia y muchas partes de Asia hayan cesado de
> existir" (mencionado por Lienhardt, G.; 1966:18).

Los etnólogos del s. XIX se propusieron realizar una Historia Universal de la Humanidad, así fijaron su objeto en
los diferentes "especimenes" existentes, y en sus características físicas, intentando clasificarlos y por lo tanto dar-
les su lugar en el mundo animal, y recoger su distribución
geográfica, estudios evidentemente muy relacionados con
la Anatomía, la Biología y la Genética[6]. Así mismo estudia-
ron las culturas en sus aspectos espirituales y materiales, y
las relaciones entre ellas, y por último, a nivel elemental sus
instituciones sociales[7].

Es hacia la mitad del s. XIX, cuando se puede hablar de
una Antropología, más ambiciosa, cuya meta era el descubrimiento de leyes generales[8] sobre la naturaleza humana y el
desarrollo del hombre. Se perseguía que estas leyes fueran tan
precisas en su aplicación como las de las Ciencias Naturales,
y así, una vez que fueran divulgadas, serían de aplicación en
la regulación de las actividades humanas, y sobre todo para
los europeos como colonizadores, en los pueblos conquistados.

---

[6] N. AA. Lo que consideraríamos una Antropología física.

[7] NN. AA. La etnología se ha tomado hasta la segunda mitad del s. XX
como referida al estudio de la cultura material, más que al estudio de las
personas que construyeron o hicieron las cosas.

[8] N. AA. O universales.

En esta fase, precisamente, la Antropología pasó curiosamente por controversias muy poco científicas[9].

En las últimas décadas del s. XIX, los antropólogos se encuentran con una sociedad en la que las distinciones de clase y riqueza se consideran casi naturales; de ahí a trasladar su esquema a las sociedades que estudian va un paso, existen sociedades inferiores y superiores, y existe un proceso general de evolución desde las unas a las otras[10], donde en el pebetero de la superioridad se colocaban los europeos.

En esta fase, pues, la palabra evolución es inseparable del acontecer antropológico, de ahí la consideración de nuestros ancestros como las fases primigenias de nuestra evolución social. En esta situación los antropólogos se pusieron a clasificar las sociedades desde las primitivas hasta el hombre europeo:

> "... los antropólogos... al acomodar los pueblos y las instituciones sociales del mundo en un ciclo evolutivo desde el hombre primitivo al ente civilizado europeo de mediados del s. XIX..." (Lienhardt, G.; 1966:24).

Esta corriente de la antropología evolucionista fue denostada por la propia acientificidad de los antropólogos; y por la defensa de una unilinealidad en el desarrollo indefendible.

---

[9] En Inglaterra, Dr. James Hunt –presidente de la Sociedad Antropológica de Londres–, dice que "...una aversión a la filantropía de los antiguos etnólogos iba acompañada de violentos perjuicios raciales, expresados, como es frecuente en estos casos, con una actitud seudocientífica. Hunt mantenía, por ejemplo, que correspondía al estudiante [de Antropología] asignar a cada raza la posición que debe tener, y se convenció a sí mismo y a otros de que había cerca de seis razas por debajo del negro y alrededor de seis razas por encima de él, si consideramos como prueba la capacidad de su cráneo", " ...el objetivo fue prolongar la esclavitud ..." (Lienhardt, G.; 1966:21-22)

[10] No solo los aspectos tecnológicos, de riqueza ... diferencian sino también el poderío militar, parece aportar una nueva razón de precedencia moral.

En los extremos evolutivos encontramos los pueblos superiores que tienen un perfil semejante, así el razonamiento científico y su poder tecnológico, con fuertes gobiernos "representativos", un sentido desarrollado de la propiedad privada, la monogamia y por una religión monoteísta; en el otro extremo de este continuum los pueblos inferiores, que eran la otra cara especular, presentaban un razonamiento mágico o pueril, falta de inventiva, anarquía o tiranía en la esfera política, comunismo económico y sexual, y unos rituales amorales.

Uno de los antropólogos más influyentes en el s. XIX sobre la evolución, fue el abogado norteamericano L. H. Morgan (1818-1881), quien realizó un análisis de la historia del matrimonio y la familia[11]. Más adelante realizó un diseño del esquema del desarrollo social humano[12], partiendo del estado original denominado salvajismo, al de barbarie y después al de civilización; estas etapas fueron establecidas en base a criterios de varios tipos.

Manifiesta Harris sobre el esquema de Morgan que las fases se habían ya descrito durante el evolucionismo desde el s. XVI, pero que dicho autor las subdividió y completó con mayor detalle y con más referencias a las evidencias etnográficas que a cualquier otra cosa:

> "Morgan sostenía que en la etapa de «salvajismo inferior», la susbsistencia se conseguía exclusivamente recogiendo alimentos salvajes, que la gente se apareaba promiscuamente y que la unidad básica de la sociedad era «la horda» nómada en la que la posesión de los recursos era comunal. En el «salvajismo superior», se inventó el arco y la flecha, el matrimonio hermano-hermana estaba prohibido y la filiación se reconocía principalmente a través de las mujeres. Con la invención de la alfarería y el comienzo de la agricultura llegó la transición

---

[11] Publicado en 1871 en el libro *Systems of Consanginity and Affinity of the Human Family*, presentó un esquema evolutivo que iba de la promiscuidad sexual hasta la monogamia.

[12] Publicado en 1877 en el libro *Ancient Society*.

al barbarismo. En la barbarie inferior, las prohibiciones sobre el incesto se extendieron, incluyendo a todos los descendientes por línea femenina, y el clan y la aldea se convirtieron en las unidades básicas. El desarrollo de la metalurgia marcó la base superior de la barbarie; la filiación cambió de la línea femenina a la masculina, los hombres se casaban con varias mujeres a la vez (poliginia), y apareció la propiedad privada. La invención de la escritura, el desarrollo del gobierno civil y la aparición de la familia monógama marcaron el principio de la *civilización*" (2002:739)

Quizás Morgan es el ejemplo más claro del error de la evolución unilineal; su esquema histórico aplicado a las instituciones así nos lo muestra. Pero hay que agradecer al evolucionismo, entre otras cosas, cierta clarificación dentro de los "legajos" de información dudosa sobre la vida social, abrir el camino a la comparación y la profundización en los estudios, como los de J. F. Mc Lennan (1827-1881), sobre el matrimonio exogámico, el infanticidio femenino, etcétera.

En las postrimerías de este s. XIX muchos etnólogos tenían un punto de vista crítico sobre el "conocimiento" aportado por los evolucionistas, aunque sin poder desprenderse totalmente de lo que consideraban conjeturas, no conocimiento histórico o etnológico. Se buscaba una observación más directa y minuciosa y un espíritu más crítico en la selección de la información.

Tenemos dos ejemplos del contacto con los indígenas:

- El de los autores ingleses, con una lejanía de los indígenas casi total, y con una creencia inquebrantable sobre su superioridad sobre todas las razas; valga este ejemplo mencionado por Lienhardt sobre un discurso de Sir Charles Adderley:

   "¡Hablar del mejoramiento de la especie! ¡Vamos! La raza que nosotros, hombres y mujeres, representamos, la vieja raza anglosajona es la mejor especie del mundo entero... la falta de un clima demasiado enervante, de cielos demasiado poblados y de una naturaleza demasiado exuberante ha producido una raza vigorosa, y nos ha hecho superiores al resto del mundo." (1966:38).

- En América la situación fue algo diferente, las poblaciones indígenas estaban más cercanas a los estudiosos y al público; habían sido conquistadas por la guerra y el hambre, pero algunas con grandes dificultades; y su situación actual pesaba en la conciencia de los inteligentes, la comprensibilidad de las tribus y sus componentes fue pues mucho mayor. De ahí que el Bureau of Indians Affairs estimulara los estudios y publicaciones sobre los indios; y también el Bureau of Etnology. Destacar a Franz Boas (1858-1942) por sus estudios sobre los amerindios, y por su investigación sobre los esquimales (viviendo entre ellos) en la Tierra de Baffin realizada entre los años 1883 y 1884[13].

Señalar que en el s. XIX, a excepción de los "postulados marxistas", se consideraba que la evolución se producía hacia la cúspide[14] de una pirámide que conformaba Europa, y así se evolucionaba no solo culturalmente sino incluso biológicamente. La fusión del "evolucionismo cultural y el biológico", o mejor según expresión de Harris "las interpretaciones biológicas de la evolución cultural", que era obra de Herbert Spencer de quien procede la idea malthusiana de que la explosión demográfica haría inevitable, por la falta de recursos, la lucha por la supervivencia, partiendo de la idea spenceriana de la supervivencia de los más aptos. Darwin, influido por los anteriores, potenció lo que denominó la selección natural en

---

[13] Recordar que en esas fechas aún era ciudadano alemán; y descubrió que sus ideas sobre el determinismo ambiental no eran correctas.

[14] Formada sobre todo por la mitad de la raza blanca, la masculina, tal como menciona Marvin Harris.

el estudio de la evolución no solo biológica sino social y cultural; así después de la aparición de la publicación del *Origen de las especies*, se desarrolló el darwinismo social que consideraba como una auténtica lucha individual o grupal, que conducía a la mejora (evolución)[15].

También el "evolucionismo marxista" se vio influenciado por el pensamiento del s. XIX aunque evidentemente en desacuerdo con Spencer, también Marx proponía unas categorías evolutivas de las culturas, a saber: comunismo primitivo, sociedad esclavista, feudalismo, capitalismo y comunismo, que sería el cénit de esta propuesta. También esta corriente proponía la lucha, partiendo de la consideración de que la historia demostraba que la lucha entre clases era necesaria para el control de los medios de producción, con objeto de abolir la propiedad privada, y llegar a lo que sería la etapa final de este progreso, el comunismo.

La reacción al evolucionismo que parecía fraguarse ya en las postrimerías del s. XIX, cristaliza en el s. XX, y fueron los antropólogos quienes pusieron en tela de juicio los esquemas antes dibujados; así las reacciones al evolucionismo, todo ello lo podemos singularizar en el "particularismo histórico" y la "tendencia culturo-histórica".

En los Estados Unidos de América, la posición teórica dominante fue el "particularismo histórico", y su máximo exponente Franz Boas. Su enfrentamiento claramente manifiesto, dado sus críticas a la evolución unilineal, implicaban consideraciones del tipo: cada cultura tiene su más o menos larga historia, la cual al objeto de estudiarla nos obliga a reconstruirla. El "relativismo cultural", que nos dice que nuestra cultura europea u occidental no es superior, que las categorías como barbarie,... solo son

---

[15] "El darwinista social más influyente fue Herbert Spencer, que llegó a abogar por el final de todos los intentos de proporcionar caridad y auxilio a los desempleados, a las clases pobres, ..." (Harris, M. ; 2002:740).

reflejo de ese pensamiento etnocéntrico. Es importante su demostración de que la raza, el lenguaje y la cultura eran aspectos independientes de la condición humana; hay que reflejar aquí que Boas y sus discípulos, por contraposición a los estudiosos de salón, realizan trabajo de campo en las culturas de las cuales hablan, lo cual les lleva a connotar los graves errores anteriores. La tendencia "culturo-histórica" denominación empleada por sus críticos, en lugar de "difusionismo", floreciente en la primera mitad del s. XX y hunde sus raíces en el siglo anterior siendo el término tomado por Ratzel, F. de Gerland, y de Wagner de la "teoría de las migraciones" y retomado por Frobenius que fue quien generalizó el concepto de Kulturkreis. Según Rupp-Eisenreich, B.:

> "pretendía demostrar la historicidad de los pueblos supuestamente sin historia, mediante el estudio de su distribución en el espacio" (1996:215).

Según Harris la principal fuente de las diferencias y semejanzas culturales no es la inventiva de la mente humana, sino la tendencia de los humanos a imitarse unos a otros. Los difusionistas contemplan las culturas como un mosaico de elementos derivados de series causales, de préstamos entre pueblos cercanos y distantes" (2002:742). El hecho de que subestiman la innovación y la creatividad humanas es una de las principales críticas que puede realizarse a esta corriente.

Andando el tiempo, las corrientes que dominaban a principios del s. XX en Gran Bretaña eran: la "funcionalista" y la "estructural-funcionalista"; ambas se situaban a gran distancia de los difusionistas y de los evolucionistas (del s. XIX), obviamente se alejaban de las explicaciones de tipo general y recurrente de las diferencias culturales, y enfatizaban las semejanzas. Los funcionalistas contemplaban como principal objetivo de la Antropología cultural el describir las funciones recurrentes de costumbres e instituciones según uno de los más famosos funcionalistas, Bronislaw Malinowski, la búsqueda para descubrir los orígenes de los elementos culturales era especulativa y no científica a causa de la inexistencia de registros escritos; él abogaba por comprender la función de la institución porque ello nos podía hacer comprender los orígenes. Entre los estructural-funcionalistas hay que destacar a Radcliffe-Brown, cuya propuesta era más limitada que la de Malinowski, ya que estos hablaban de la contribución del bienestar biológico y psicológico de los individuos para el mantenimiento del sistema social. Ninguna de las dos escuelas estaban de acuerdo con Boas y sus discípulos, pero sí coincidían en la importancia de realizar trabajo de campo.

De la escuela o corriente denominada "cultura y personalidad" podemos decir que es el resultado de la influencia de Sigmund Freud sobre muchos antropólogos que, debido a ella, intentaron interpretar las culturas en términos sicológicos, y paralelamente, también recibieron la influencia de Boas. Fueron dos discípulas de Boas, Ruth Benedict y Margaret Mead las pioneras que desarrollaron las teorías de cultura y personalidad. Pueden ser descritas según Harris, como:

> "formas psicológicas de funcionalismo que relacionan las creencias y las prácticas culturales con la personalidad del individuo, y la personalidad del individuo con las creencias y prácticas culturales (...) partidarios del planteamiento de cultura y personalidad recalcan la importancia de las experiencias de la temprana infancia, como el aprendizaje del aseo, la lactancia y el aprendizaje del sexo, en la formación de un tipo modal o básico de personalidad adulta o de carácter nacional".

El mismo autor describe una crítica al mismo:

> "... sin embargo, los partidarios de la cultura y la personalidad no tratan el problema de por qué las creencias y las prácticas que moldean los tipos particulares de la personalidad o los caracteres nacionales se dan en algunas culturas, pero no en otras" (2002:743).

Otra antropóloga relevante en la historia de esta ciencia es Leslie White, representante del "neoevolucionismo", una corriente que surge después de la segunda contienda mundial, del descontento con el antievolucionismo, la inexistencia de relaciones causales y de generalizaciones. Ella revisó los planteamientos evolucionistas del s. XIX, como los de Morgan, para por un lado corregir sus errores etnográficos y por otro determinar sus verdaderas contribuciones. Así mismo White fue la primera en relacionar evolución global de una cultura y la relación de tipo energético con su nicho ecológico[16].

Entre los años 40 y 50, Julian Steward[17] al igual que otros, muy impresionado por paralelismos claros en su evolución entre países y regiones como: Perú, México, Egipto, Mesopotamia y China abogaba por dar explicaciones a estas uniformidades. Fue este autor el que sentó las bases de la corriente denominada "ecología cultural", que ponía el acento en el papel de la interacción de las condiciones naturales, como el suelo, la lluvia y la temperatura en factores culturales, tecnología y economía, como causantes tanto de las diferencias como de las semejanzas culturales.

El "materialismo dialéctico" es una corriente que parte de los postulados de Marx y de Engels, de que la Historia tiene una dirección determinada que como ya habíamos mencionado finalizaba en el comunismo y una sociedad sin clases. Ciertamente que estos autores influyeron en White y en Steward, en concreto en la relación entre los cambios de los aspectos materiales de los modos de producción como causa de la evolución cultural, pero no aceptaban todo el conjunto de propuestas del materialismo dialéctico. Es sin embargo en Francia donde surge la nueva Antropología marxista, con una reacción contra la fosilización de las ideas de Engels y dieron forma a una nueva

---

[16] La energía que se podía captar y poner a trabajar per capita.

[17] Es obvio que no hablamos de evolución unilineal.

antropología marxista, aunque no formaron escuela, estos antropólogos eran africanistas y "tercermundistas", de ellos dice Bloch, M. que:

> "Se consagraron especialmente a criticar el carácter demasiado evidentemente eurocéntrico de la jerarquía de los cinco estadios de la evolución, incapaz a sus ojos de explicar el desarrollo histórico de las sociedades de Asia y de África. Así algunos antropólogos (en particular Godelier, 1969) colocaron en el centro de sus debates el problema de la existencia de un modo de producción «asiático» evocado por Marx, mientras que otros intentaban identificar modos ajenos de producción a la tradición marxista, como un modo de producción «africano». Para los antropólogos inmersos en estas discusiones, no se trataba solamente de tener en cuenta la especificidad histórica de los mundos no europeos, sino también de romper con el esquematismo de un modelo de evolución único e ineluctable, al que habrían sujetado todas las sociedades (…) esta nueva antropología marxista, … se interesa menos por el problema de la evolución general de las sociedades que por el deseo de poner de relieve la dinámica de las relaciones económicas y sociales dentro de sociedades particulares..." (Bloch, M.; 1996:464)

La corriente denominada "Antropología simbólica" se crea a inicios de los años sesenta del pasado siglo, pero su mayor desarrollo se dará en los años setenta del mismo siglo, y después va transformándose en lo que se llamó "Antropología interpretativa"; según L. Sinisi:

> "En los Estados Unidos su representante más destacado es C. Geertz., quien en su libro *La interpretación de las culturas* (1973), describe la cultura como un sistema de símbolos y significados compartidos, estos símbolos son públicos, no privados, a través de los cuales los miembros de una sociedad se comunican entre sí. Por medio de la observación y la interrogación se pretende conocer que significa cada símbolo para que los que lo utilizan" (Sinisi, L. en Lischetti; M.; 1999:171-172).

Marta Lischetti nos explica en su manual que:

> "En Inglaterra, la escuela simbólica está representada por Victor Turner que publica en 1967 *La Selva de los símbolos* y por Mary Douglas, que en 1970 escribía *Símbolos naturales*. Estos y otros autores provienen de un movimiento muy politizado que cuestionaba el papel del estructural-funcionalismo clásico dentro de la política colonialista, a pesar de que muchos de ellos se habían formado en esa misma escuela como es el caso de Turner. Los componentes de esta escuela estaban influenciados por el marxismo de la Escuela de Manchester y veían la sociedad no como la integración armónica y solidaria de las partes, sino por el contrario, como el resultado de conflictos y contradicciones sociales (...) Para Turner, los símbolos son como operadores del proceso social, se colocan según cierto orden y que en contextos rituales producen transformaciones sociales, resuelven contradicciones y unen a los actores" (1999:172).

Una corriente importante en Estados Unidos, que llegó a ser dominante en dicho país a finales de los cincuenta, fue la llamada "Antropología Cognitiva", "Etnosemántica o Nueva etnografía", que se adhirió en la importante controversia de emic / etic, decidiendo potenciar el punto de vista, es decir, la visión del nativo (émica); y su teórico más importante fue Ward Goodenough, su pensamiento sobre la cultura se podría sintetizar en dos aspectos de la siguiente forma: el estudio de la cultura consiste en una descripción realizada de forma minuciosa; y que la cultura no es ni más ni menos que un conjunto de significados compartidos.

Siguiendo con esta rápida visión, debemos mencionar del "materialismo cultural", y su diferencia con el materialismo histórico, que viene dada por los aspectos que obvian aquellos, es decir la destrucción del capitalismo y la defensa de los proletarios mediante una politización de la Antropología. Los materialistas culturales creen que su tarea es dar explicaciones a las diferencias y semejanzas que se encuentran entre las sociedades en cuanto al pensamiento y conducta. Coinciden los materialistas culturales con los dialécticos en que la mejor forma de estudiar es acudir a los imperativos materiales[18], imperativos que surgen de necesidades tales como producir útiles, refugios, alimentos, etcétera.

La "Escuela de la Economía política" recupera la historia y trabaja en pos de la construcción de una "Antropología histórica"; en palabras de Liliana Sinisi:

> "Centraron su enfoque en los sistemas económico políticos de gran escala regional o dentro del sistema mundial, estudiando los efectos de la penetración capitalista en las comunidades que analizaban. Pero además incluyeron en sus investigaciones los problemas simbólicos y culturales, por ejemplo, los procesos de construcción de una identidad de clase o de grupo en el marco de las luchas político económicas más amplias (luchas campesinas o étnicas)" (Lischetti, M.; 1999:175).

Al hablar de la "Antropología interpretativa", podemos situar dentro de esta escuela a Geertz, y estamos hablando y haciendo referencia, a su vez, a conceptos de amplio recorrido histórico en el campo de la Sociología del conocimiento y de la Filosofía:

> "... para este autor el estudio de las culturas forma parte de una "búsqueda interpretativa", la Antropología es una exploración, una búsqueda de significados ocultos. (...) Geertz toma prestado el concepto de "texto" de Paul Ricoeur, la cultura es un "armazón de textos" a ser interpretados. Trata de rescatar lo particular de cada cultura y esto tiene sus raíces en el particularismo histórico de Boas (...) El antropólogo debe comprender (interpretar) cada uno de los fragmentos pasados y presentes que se reflejan en la cultura, para luego armar un discurso que tenga forma de descripción densa, en la que se rescata la riqueza contextual de la vida social" (Sinisi, L., en Lischetti, M.; 1999:176).

---

[18] N. AA. Condiciones materiales.

Por último hablar de un impulso que se puede atribuir a Cliford Geertz y que trasciende el campo de la Antropología, es el surgimiento de la *Antropología postmoderna*[19], que procede, según Reynoso, C.:

> "Un proceso de transformación experimentada por una de tantas corrientes de la disciplina, la antropología interpretativa. (...) digámoslo enseguida con otros matices y adoptando otro ángulo de mira. Después de algunos años en que no se pudo hablar a ciencia cierta de ningún paradigma dominante, la antropología mundial ha sido ganada por lo que parecía ser una nueva moda intelectual que responde a las premisas del posmodernismo". (Reynoso, C. en Geertz, C. y otros; 1998:11).

Un autor tan conocido como Llobera, J. R. en un estudio crítico sobre el estado actual de la Antropología, consideraba que:

> "… empezaré por referirme al impacto del postmodernismo. Para este propósito utilizaré un testigo privilegiado: Ernst Gellner. En su libro 'Posmodernism, Reason and Religión' (Routledge, 1992), Gellner presenta de forma clara y concisa una fuerte condena de la antropología posmodernista. Como es sabido, el postmodernismo es un fárrago de creencias con un denominador común: el relativismo. Gellner identifica correctamente la trayectoria posmodernista como un movimiento que va del positivismo a la hermenéutica. Ambos términos deben ser usados con cautela, particularmente la palabra 'positivismo', que se usa normalmente como un insulto académico. Para el relativista, la idea de que existen hechos objetivos que pueden ser determinados y teorizados con independencia del estatus del observador es un anatema."

Las implicaciones para la Antropología son en extremo graves. Como dice Gellner: "De hecho significa el abandono

---

[19] N. AA. No queremos entrar en las referencias a Batjin y Lyotard.

de todo intento serio de dar cuenta precisa, documentada y comprobable de cualquier cosa [...]. El rechazo de cualquier tipo de estructuras sociales independientes, y su sustitución por una búsqueda de "significados", tanto los del objeto de la investigación, como los del investigador" (p. 29). Parece como si la objetividad fuera el gran engaño de la historia perpetrado por el colonialismo y el imperialismo" (1999: 129-130).

Antropología aplicada

La apertura –reciente– de lo que parecen ser nuevos dominios en la Antropología, no debe obnubilar nuestro pensamiento o nuestra conciencia histórica; hemos de pensar que la Antropología aplicada existe hace siglos, podíamos decir que desde los primeros choques culturales (conquistas, invasión, colonización, ...) se produce una actitud de los vencedores respecto a los vencidos así al designio divino de llevar la fe[20] a los "salvajes" y en el menos divino de anexionarse territorios, conseguir materias primas, esclavos, etcétera, existe apriorísticamente una voluntad de transformar a los pueblos conquistados, afectando desde sus creencias hasta su organización social, desde su economía hasta su lengua, en base a crear una imagen especular de nuestra organización y cosmogonía.

La aculturación de estos pueblos era pues un objetivo previo, la utilización de sistemas de control se produce después del contacto y por el conocimiento del otro; así como ejemplo la "debilidad" de los indígenas por el alcohol, es aprovechada en varios sentidos: para el control de los mismos mediante la alcoholización, para rebajar los costes de ese control mediante la utilización de menor número ya sea de policías, ya de soldados, y por último produce beneficios en la compra que estos hacen de alcohol.

---

[20] N. AA. La única verdadera, lo cual legitimaba desde luego su imposición.

El procedimiento es simple, sustitución de los dioses que sustentan su mundo y su cosmogonía por el único Dios verdadero (paso al monoteísmo), la educación como forma de aculturación, enculturando a la población indígena en nuestra concepción del mundo, en nuestra cultura en definitiva. Pero esto no daba el resultado apetecido dado que cuando los indígenas no se oponen, lo que realizan es una reelaboración en base a su cultura, apareciendo los sincretismos.

Roger Bastide distingue dos etapas en el desarrollo de la Antropología aplicada:

1. "...A todo lo largo de esta primera etapa, a la que podíamos clasificar de precientífica, hubo una mezcla de razonamientos, anticipaciones y empirismo. El método utilizado entonces se define como de "ensayo y error". La objetividad se desprendía por aproximaciones progresivas, y ya el modelo marxista mostraba ser el más exacto para comprender lo que estaba ocurriendo, puesto que esta objetividad no era la de una realidad exterior a la acción –del misionero o el mercader– sino una "construcción" del manejo interesado de que estos hacían a los hombres y sus agrupamientos.

2. Debe esperarse hasta la segunda mitad del siglo XIX para que, con la aparición de la primera escuela de etnólogos –el evolucionismo– nazca la Antropología científica. No nos corresponde exponer aquí qué ha sido el evolucionismo. Nos basta con decir que todos los pueblos pasan por los mismos estadios de desarrollo, que van desde el "salvajismo" a la "barbarie", y de esta a la "civilización". Tan solo nos interesa destacar que el evolucionismo planteaba a la conciencia occidental, un problema y un deber, he aquí el problema: si todos los pueblos deben recorrer las mismas etapas de la evolución ¿Cómo es que algunos de ellos se han detenido en el camino, o al menos solo avanzan por la ruta común

con un retraso más o menos considerable?; y en cuanto al deber: si la meta de esta evolución –el ingreso en la civilización– no está garantizado en todas partes, quizás el papel de los hombres blancos, que ya gozan de los beneficios de tal civilización, sea ayudar a sus hermanos inferiores para que la alcancen más rápidamente. En tal caso, qué métodos deben ponerse en práctica para despertarlos y guiarlos..." (Bastide, R.; 1977:16).

Los autores preferimos plantearnos una tercera etapa, que se iniciaría en la segunda parte del pasado siglo XX, como sugiere George M. Foster:

3. "...Al finalizar el sistema colonial, después de la segunda Guerra Mundial, el interés de la Antropología aplicada se ha transferido a los problemas sociales y culturales que van aparejados con el cambio tecnológico y la modernización, tanto en los países industrializados como en los que están en vías de desarrollo. Hoy en día los antropólogos aplicados se interesan principalmente por los procesos de cambio social y cultural, en especial en cuanto se refieren a las mejoras planificadas en campos tales como agricultura, servicios médicos y de salud, sistemas educativos, programas de asistencia social, desarrollo comunitario y otros similares." (Foster, G.; 1974:7).

La primeras Antropologías aplicadas fueron un fracaso, pues pretendían una afectación de los pueblos "primitivos" y / o conquistados, hacia dos metas:

- La primera tal como hemos mencionado en pos de la conversión forzada a la fe verdadera, la cual apenas se convierte en un barniz superficial, reinterpretado con las creencias tradicionales.

- La segunda, apoyada en la escolarización o enculturación, constituía un intento de de adoctrinamiento sin pensar que las personas estaban sometidas a un entorno contrario y que no había cambiado.

¿Qué es en definitiva la Antropología aplicada? Si hacemos caso a George M. Foster, es una sub-disciplina especializada dentro de la Antropología:

> "Cuando los antropólogos emplean sus conceptos teóricos, conocimientos fácticos y metodología de investigación en Programas destinados a resolver problemas sociales, económicos, y tecnológicos contemporáneos, están ocupándose de Antropología aplicada." (1974:7).

En esta etapa los antropólogos se están decantando por medio de su especialización hacia:
a. El cambio técnico y social donde actúan como expertos en relaciones humanas.
b. Mientras que otros centran su trabajo en el cambio social y económico.

Simplificando la cuestión diremos como Marvin Harris, que la Antropología aplicada, incluye cualquier uso del conocimiento y las técnicas de las cuatro subdisciplinas[21] para identificar, evaluar y resolver problemas prácticos, su aplicación al campo cada vez más extenso de la salud, la enfermedad y los sistemas de cuidados, sería lo que conocíamos como A. médica, o actualmente como nos gusta denominar a los autores en Antropología de la Salud, la enfermedad y el sistema de cuidados.

Harris desglosa la Antropología general, siguiendo las cuatro sub-disciplinas y establece dentro de la antropología cultural una serie de "especialidades", a saber:

> "Etnografía. Describe las culturas contemporáneas.
> Antropología médica. Estudia los factores biológicos y culturales en la salud, la enfermedad y en el tratamiento de la enfermedad.
> Antropología urbana. Estudia la vida en la ciudad, las bandas y el abuso de drogas.

---

[21] A. cultural, A. arqueológica, A. física y A. lingüística.

Antropología del desarrollo. Estudia las causas del subdesarrollo y del desarrollo en las naciones menos desarrolladas." (2002:23).

Querríamos en esta reflexión sobre la Antropología aplicada, mencionar unas palabras de Lucy Mair sobre la aplicación de los conocimientos antropológicos:

"El antropólogo no ofrece ya una cianotipia sino un mapa, un mapa en el que están marcados en rojo los pasos y obstáculos peligrosos para la comunicación. Cumple mejor su cometido explicando la resistencia al cambio que ofreciendo formulas para producirlo... (...) Lo que el antropólogo ofrece en nombre de la aplicación de su ciencia es, por tanto, nada más, y nada menos, que los principios esenciales del análisis social..." (1998:280).

Por último, referiremos que hay una cierta tendencia a mezclar tres términos bajo la denominación de antropología médica, a saber: medicina antropológica, antropología médica y etnomedicina. También citar en cuanto a la disciplina que la frontera entre la Antropología médica y la Sociología de la medicina ha sido a veces inexistente, como dice Kottow:

"En el ámbito médico se difuminan con frecuencia los límites entre antropología médica y sociología de la medicina, lo cual rubrica que también en la enfermedad el ser humano es un individuo cuya característica esencial es la relacionalidad con otros y la vida comunitaria" (2005:19-20).

Se describen, pues, según autores como el anteriormente mencionado, dos formas de ejercer la antropología aplicada: una es de orden científico, investigando preferentemente en el área de las políticas públicas temas como el impacto social, evaluación, catastros de recursos culturales; y otra, de carácter más intervencionista, o terapéutico, orientándose hacia las comunidades, su percepción de sí mismas y su grado de agenciabilidad ("empowerment").

La relación
entre las Ciencias sociales
y la Medicina

La aparición de las Ciencias Sociales (CC. SS.) en la Medicina, coincide con los primeros problemas planteados por la industrialización, iniciándose la valoración de la relación entre estructura social y los problemas de salud. Existen cinco líneas intelectuales que influyen en la instauración de la antropología de la medicina como disciplina:

- Un interés etnográfico sobre la magia y la brujería, como ejemplo el magnifico libro de Evans-Pritchard titulado "Magia y brujería entre los Azande", la Etnomedicina será la heredera de esta línea intelectual.

- A partir de 1934 la corriente cultura y personalidad plantea una línea teórica encargada de redefinir la contribución freudiana desde la antropología.

- La Escuela de Chicago (1939), inicia entre otros el análisis de problemas psiquiátricos sobre comunidades concretas y sus interrelaciones con la variable urbanización (problemas marginación, delincuencia organizada, minorías étnicas, etc.).

- En 1942, los estudios internacionales de Salud Pública (apoyados por la Organización Mundial de la Salud y otras instituciones de carácter mundial.

- Se da a partir de los años cincuenta una estrecha relación entre las Ciencias Sociales y la Medicina (sobre todo en EE. UU.) gracias a las investigaciones, que realizan inicialmente los sociólogos y más tarde de antropólogos, aplicadas al campo de la salud.

Añadir que una de las obras pioneras de la Antropología de la Medicina es "Medicine, Magic and Religión" de Rivers, que es un trabajo etnográfico donde se proponía un estudio comparado de los sistemas médicos. En esta obra se plantea la existencia en todos los pueblos primitivos de un sistema cognitivo médico, es decir, una teoría o si se quiere unas ideas definidas sobre la causación de la enfermedad, en otras palabras que los pueblos primitivos tenían su sistema de ideas sobre el origen de la enfermedad y la forma de combatirla, que dependían evidentemente de las creencias acerca de la enfermedad y por supuesto a su vez de la cosmogonía (concepción global de mundo) manejada por el grupo. Por tanto, la atención o el cuidado como forma de dar respuesta a la enfermedad dependía de las creencias y de las ideologías (sistema de creencias y valores de dicho grupo).

El desarrollo de la antropología aplicada a temas de la salud durante los años setenta, implicó un enfoque pragmático, en detrimento de los factores socio-culturales de los procesos de enfermedad. La antropología se subyugó al modelo biomédico, lo sociocultural se contrapuso al pragmatismo e individualidad del modelo biomédico y empezaron a desarrollarse alternativas encaminadas a la consolidación de un campo antropológico en el área de la salud y la enfermedad.

En los años setenta, a pesar de la problemática antes expuesta, se perfilan nuevas técnicas, objetos y enfoques para estudiar la enfermedad en sus múltiples dimensiones se combinan técnicas epidemiológicas para analizar enfermedades folk (o síndromes delimitados culturalmente[22]), también el impacto de factores socioculturales en esquizofrenias o hipertensión.

---

[22] Síndromes culturalmente delimitados: son aquellas alteraciones y trastornos de tipo sindrómico y por tanto no totalmente definidos desde el punto de vista orgánico que aparecen en contextos culturales específicos y no fuera de ellos, entre estos el Kuru. Actualmente en Antropología de la Medicina se entiende que fenómenos como la anorexia, el stress o los trastornos de la alimentación, típicos de las sociedades industrializadas pueden ser también denominados folk o síndromes específicamente culturales.

Es Fabrega –un médico con formación antropológica– a finales de los setenta quien elabora una primera propuesta teórica, definiendo la Antropología Médica en términos de lo que es o debería ser su contenido y no en relación con criterios conceptuales, metodológicos y de principios. El expresa que se deben estudiar los factores, mecanismos y procesos que influyen en la forma en que los individuos y grupos están afectados por la enfermedad y responden a la *illness* y *disease*. Examina estos problemas poniendo énfasis en los patrones de conducta, en los estudios conducidos en grupos no-occidentales y que descansan en el concepto de cultura, y conserva la escisión entre la Antropología y Biomedicina.

La más importante aportación de Fabrega, en cuanto a teoría antropológica, es la distinción entre dos dimensiones de la enfermedad: disease y illness; donde disease designa estados corporales alterados o procesos de desviación de las normas establecidas en la ciencia biomédica occidental, se presume este estado como temporal y que puede o no coincidir con un estado illness, e illness designa que alguien esta enfermo, pero los criterios son sociales y psicológicos y lógicamente separados por aquellos empleados por la medicina occidental.

El modelo de Fabrega relaciona lo folk con la Antropología y las dimensiones orgánicas con el discurso biomédico (modelo biomédico, hegemónico), no permitiendo analizar el carácter biológico y orgánico de otras prácticas no occidentales, ni tampoco considerar la biomedicina como objeto de estudio de la Antropología. Además, su modelo permite identificar illness con la dimensión emic y disease con la dimensión etic. El modelo biomédico será el único que podrá establecer proposiciones etic en el campo de la salud y la enfermedad. Sin embargo esta propuesta es una síntesis teórica entre lo biomédico y lo sociocultural en un contexto de crisis relativa del propio modelo médico hegemónico que comenzaba a evidenciar fracasos notorios: iatrogenia, procesos por mala práctica, fracaso en programas de lucha contra el hambre en el 3º mundo, insatisfacción de la población ante una medicina incapaz de responder correctamente ante el incremento de la morbilidad crónica, etc.

En la consolidación de la especialidad, destacan los trabajos de Foster y Kleinman (psiquiatra con formación antropológica) quien sienta las bases definitivamente Antropología de la Medicina. Foster utiliza una antigua tradición de la Antropología de la Medicina de efectuar generalizaciones comparativas poco fundamentadas, indiferentes a las prácticas terapéuticas y de escasa aplicación en contextos concretos, y esta es la crítica que le hace Kleinman a Foster.

Kleinman, aboga por una aproximación cultural centrada en la salud, la enfermedad y las prácticas que desafíe el paradigma biomédico a partir del desarrollo alternativo de conceptos y metodologías de análisis a partir de los cuales poder diferenciarse. Kleinman parte de la dualidad disease/illness de Fabrega y del concepto de cultura de Geertz, permite el análisis de la biomedicina como un sistema médico más; en una de sus obras, formula un modelo teórico para el análisis de los sistemas médicos y además de las diferentes transacciones y funciones que se desarrollan, utiliza para ello el concepto de "health care system": que engloba al conjunto de sistemas de atención y gestión de la salud que existen dentro de un marco cultural específico, ya sean sistemas folk o altamente profesionalizados e institucionalizados como el biomédico.

Kleinman y Hanh apuntan nuevos temas a analizar en el marco de la medicina occidental como su sistema ideológico, la división del trabajo en especialidades y jerarquías, normas de práctica e interacción, sistema de rol/estatus y procesos de socialización de los profesionales y de construcción y reconstrucción del conocimiento. Estas propuestas se adaptan muy bien al contexto cultural concreto en donde las teorías de las ciencias sociales criticaban la naturaleza ideológica de la bio-

medicina, los autores antes mencionados consideran la biomedicina como una subcultura con sus propias reglas de juego,
valores, prácticas y creencias institucionalizadas que configuran su papel en el contexto social general. En este contexto, se
entiende la Antropología de la Medicina como el estudio de
los diferentes sistemas médicos, pero también de los procesos
de salud y enfermedad en diferentes sociedades.

Byron Good es muy sugerente porque contextualiza la enfermedad en un marco socio-histórico, esta argumentación se
vincula a la de Kleinman que en los 80 planteaba una aproximación similar, así como una visión del choque que se produce
entre el médico y el paciente, debido a los modelos explicativos[23] de la enfermedad por parte del médico y del paciente.

Las primeras teorías sobre las dimensiones sociales de la enfermedad, es decir sobre el sickness, se producen simultánea-
mente al desarrollo de la teoría culturalista en la Antropología
de la medicina, emergiendo propuestas que se articularon entorno a las nociones de carrera moral de Goffman o "health
seeking process" y que se orientaron hacia el análisis de los
contextos sociales más amplios que envuelven los procesos
de salud y enfermedad. Este enfoque holista procede del estructural –funcionalismo británico, la sociología parsoniana[24]
con sus aportaciones sobre rol y estatus, y la Sociología de
la Medicina, que pretenden disolver la dicotomía cartesiana
mente/cuerpo propugnada por los culturalistas y ejercida a
partir de la dualidad disease/illness en donde las dimensiones
sociales quedan inexplicadas. Ellos pretenden dar cuenta de
las prácticas, los roles, y los comportamientos sociales, y de

---

[23] Explanatory models. Los modelos explicativos definen la forma de
concebir la enfermedad por parte del médico, es decir causa, clínica evolución... y los del paciente sobre los mismos aspectos que no son lo mismos que el especialista.

[24] Talcott Parsons

cómo factores como: las relaciones sociales, las estructuras de rol-estatus, y las diferencias, étnicas y/o de clase conforman y distribuyen la enfermedad, es decir, la dimensión social de la enfermedad[25].

Desde este punto de vista la Antropología de la Medicina debería ser fundamentalmente un discurso sobre las dimensiones sociales de la enfermedad (sickness), más que las individuales; posteriormente estas posturas vendrán contrarrestadas por las opciones desarrolladas que entienden las dimensiones sociales de la enfermedad no sólo como un universo microsocial y situacional que se define poco más allá de las redes personales y de un sistema de estatus, sino a partir de condiciones económico-políticas, históricas e ideológicas que definen en gran medida la praxis de profesionales y pacientes. Entre estos citar a Eduardo Menéndez investigador del CIESAS y sus aportaciones entre ellas la de modelo médico hegemónico y los tres submodelos, y sus aportaciones al análisis no ya de l alcoholismo sino de la alcoholización.

Queremos terminar haciendo una referencia De Martino, un pionero que ya en los años treinta estudiaba las enfermedades Folk en el sur de Italia, y que encarna −para nosotros− la esencia de una tradición italiana en el estudio de esta área de la antropología aplicada.

---

[25] Sickness.

Medicina antropológica

La Antropología médica implica una teoría del ser humano, significa que nuestro foco de atención es el hombre (anthropos), al igual que consideramos al etnógrafo como un observador, pero que a su vez forma parte de la comunidad que estudia y con la que se afectan mutuamente, tal como nos comenta Kottow:

"El ser humano, describía Weizsäcker, no es un observador externo al mundo, pues al existir en él y percibirlo, lo está modificando. El cuerpo humano expresa a la persona y el cuerpo enfermo tiene un significado que plasma la "materialización del conflicto" y la "fuga a la enfermedad" (2005:28)

Para la mayoría de los historiadores la medicina moderna se inicia en el Renacimiento[26], pero si indagamos más nos damos cuenta que quizás hay una protomedicina moderna, y que cuando ésta se desarrolla es mucho después, entre los años 1800 y 1880, debido a la contribución de grandes fisiólogos como los alemanes Hermann Helmhotz, Johannes Müller, Emil Du Bois-Reymond y Carl Ludwig y los franceses François Magendie y su discípulo Claude Bernard.

Es quizás François Magendie el principal autor de ese un punto de inflexión en el progreso de la medicina que la aleja de la especulación sobre las enfermedades, que podemos personalizar en la

---

[26] Coincidiendo con el humanismo.

actividad entre otros de Claude Bernard[27] y Louis Pasteur[28], lo que confería a los fenómenos patológicos una visión unívoca o unicausal; una medicina, pues, que se va asentando apoyándose en las ciencias básicas, anatomía, biología, bioquímica,… y es Bernard la figura relevante de un movimiento dentro del pensamiento médico que se apoya en el positivismo y sienta las bases de la moderna medicina. De él dice Stagnaro:

> "Su linaje filosófico positivista ha alentado a generaciones de médicos y constituye el andamiaje que se prolongó en el "positivismo lógico" y posteriormente en la "lógica de la investigación científica popperiana[29]" (2002; XIII: 22).

---

[27] Fisiólogo francés, nacido en Saint-Julien, 1813 y que falleció en París, en 1878. Es el máximo representante de la fisiología francesa del s. XIX. Con él, la fisiología pasó de ser una colección de hechos, tal como la interpretara Magendie, a una «ciencia de fenómenos vivientes». Sus trabajos versaron sobre la regulación nerviosa de la secreción salival, la digestión pancreática y la función glicogénica del hígado. Descubrió la inervación vasomotora y creó el concepto de secreción interna. Realizó también aportes a la farmacología experimental.

[28] Profesor de química en la Universidad de Estrasburgo en 1847-1853, Louis Pasteur fue decano de la Universidad de Lille en 1854; en esta época estudió los problemas de la irregularidad de la fermentación alcohólica. En 1857 desempeñó el cargo de director de estudios científicos de la Escuela Normal de París, cuyo laboratorio dirigió a partir de 1867. Desde su creación en 1888 y hasta su muerte fue director del Instituto que lleva su nombre. Las contribuciones de Pasteur a la ciencia fueron numerosas, y se iniciaron con el descubrimiento de la isomería óptica (1848); estudió también los procesos de fermentación, tanto alcohólica como butírica y láctica, y demostró que se deben a la presencia de microorganismos y que la eliminación de éstos anula el fenómeno (pasteurización). Demostró el llamado efecto Pasteur, según el cual las levaduras tienen la capacidad de reproducirse en ausencia de oxígeno. Postuló la existencia de los gérmenes y logró demostrarla, con lo cual rebatió de manera definitiva la antigua teoría de la generación espontánea. Como consecuencia de sus trabajos, enunció la llamada teoría germinal de las enfermedades, según la cual éstas se deben a la penetración en el cuerpo humano de microorganismos patógenos.

[29] Conti, N. (1998), ¿Qué es la ciencia hoy? Una aproximación a la epistemología contemporánea. Clepios, Vol. IV; Nº 3. Sept-Nov.

Coincidiendo en esa posición de la que se desprendía que la práctica médica debía ser así mismo científica, decía Naunyn, B. que la "medicina será ciencia o no será" como relata Miguel Kottow, en su discurso de acceso a la Cátedra de Medicina de la Universidad de Jena (Alemania).

Si bien este enunciado es subvertido, curiosamente, por un discípulo del propio Naunyn, que toma una actitud "no científica", este es L. Krehl quien introduce un vuelco en la medicina tomando una actitud anticientifista y proclamando que no existen enfermedades sino enfermos.

Centrarse en la persona da origen a la medicina antropológica, corriente que desarrollan sus discípulos y la denominada Escuela de Heidelberg [30], que Laín Entralgo llama Escuela Antropológica de Heidelberg, y que el profesor Lima, O. nos describe de la siguiente forma:

"... la doctrina o tendencia médica que a partir de la medicina interna y con influencias del psicoanálisis, aunque en menor grado que en la medicina psicosomática, constituye la obra de tres grandes médicos alemanes: Krehl, Siebeck y Weizsacker. Krehl, iniciador de la escuela, pasó desde una postura fisiopatológica y clínica de orientación científico-naturalista a una concepción en la cual aborda al enfermo desde un punto de vista personal. La misma actitud mantiene Siebeck, particularmente en su extraordinaria obra "Medicina en movimiento" en la cual en lugar de enfermedad habla de enfermos. Weizsacker inicia su actividad en 1926 y publica numerosos estudios clínicos y filosóficos. Como clínico Weizsacker estudia el problema del hombre enfermo globalmente. No enferman los órganos sino la

---

[30] "Los teóricos de la Escuela de Heidelberg denominaron al modelo que ocupa el lugar de paradigma médico dominante actualmente, con la designación de biomédico o científico –natural, subrayando su tendencia al reduccionismo biológico del concepto de enfermedad y, por ende, a la no inclusión de la dimensión subjetiva, la historicidad y la sociabilidad del paciente frente al dolor, la discapacidad y la muerte". (Stagnaro, J. C.; Rev. Arg. Psiquiat.. 2002,Vol. XIII:20).

totalidad del organismo. La enfermedad no es el acontecer fortuito sino un proceso que tiene pleno sentido dentro de la vida individual. De ahí parte la necesidad de responder la pregunta de por qué la enfermedad aparece en un momento determinado de la vida del sujeto. La fecundidad de este planeamiento es tan importante que abre un camino en la comprensión de la enfermedad al intentar descubrir las interrelaciones entre los factores patógenos y las variaciones de la vulnerabilidad de la persona en momentos críticos. Por esto mismo la terapéutica no es completa sino en la medida en que el enfermo resuelve sus conflictos y comienza una vida distinta (2004:1).

De entre lo más destacable de la Escuela de Heidelberg, tenemos la consideración del hombre como sujeto, situándolo en el encuentro profesional-enfermo como algo más que una maquinaria averiada, entendiendo a este sujeto como alguien que ve afectados: estatus, roles, relaciones, … etcétera.

Destacar también dentro de la Medicina antropológica a Buytendijk [31], el cual basándose en una antropología filosófica de tipo fenomenológico, pretendía delimitar una ciencia de la medicina con influencia antropológica.

La propuesta que realizaba Butendijik según Kottow era:

> "… propone una fisiología antropológica que vaya de la función orgánica a las particularidades biológicas de la especie humana y determine lo propiamente humano de su funcionamiento corporal" (2005:29).

---

[31] Fisiólogo nacido en Breda en 1887 —y muerto en Nimega en 1974—, fisiólogo y etólogo neerlandés. Fue profesor de psicología teórica en la Universidad de Utrecht y de fisiología en Groninga. Sus estudios, fundamentales para el conocimiento de los sistemas nerviosos, se basaron en el empleo del método comparativo entre animales y hombre, estudiando la especificidad y complejidad del instinto animal. Preocupado por la realidad del sujeto viviente, partió de posiciones vitalistas hasta aceptar en sus últimas obras un cierto mecanicismo. Demostró, sin embargo, que el aprendizaje influye en el comportamiento más que la herencia. Sus principales obras son *Psicología de los animales* (1928), *Teoría del dolor* (1943), *La psicología de la novela* (1950) y *La mujer: naturaleza, apariencia, existencia* (1951).

A través de una comparación con otras especies, el autor llega a describir al hombre como un organismo fisiológica y psicológicamente auto-estructurante[32, 33].

La medicina antropológica, a pesar de sus aportaciones, entre las que podemos identificar sus escritos y su aportación al lenguaje médico, se convirtió en flor de un día al no investigar las constantes antropológicas que subyacen en el hecho de enfermar y de sanar. La medicina antropológica fue precedida por una inicial filosofía de la medicina, de la que después surge.

Nos comenta Ten Have de la existencia de tres etapas que se inician en el s. XIX:

> "El primer período es la tradición epistemológica, inclinada por un lado hacia los rigores del empirismo experimental, por el otro requiriendo al médico en cuanto a sujeto que debe actuar como persona y practicar la medicina como un arte, la Heilkunst. A partir de 1920 se inaugura el período antropológico arriba esbozado, que se extiende hasta 1960 y cuyos autores se nutren del existencialismo y de la antropología filosófica de Scheler, Plessner y Huelen. Insisten en rechazar el dualismo cartesiano, favorecer una medicina respetuosa de la persona, y proclamar una comprensión holística –psicofísica– del enfermar.
> La tercera etapa de esta teorización en torno a la medicina es marcado por el renovado interés en la ética médica y la emergencia de la bioética" (2005:30)

En este sentido hoy en día cuando el modelo biomédico o científico-natural se ha implementado y consolidado, debemos reflexionar sobre el precio que se ha pagado y estamos pagando por tanta excelencia científica:

---

[32] F.J.J. Buytendijk (1956)

[33] Insistimos en que la consideración del hombre, como ser, social y espiritual, lo que conlleva a tener con ellos un trato de persona a persona, no de profesional a cuerpo enfermo.

a. La aplicación de las ciencias básicas: química, física, microbiología,... etc. Potenció la visión univoca del hombre como ser biológico, pero y siempre ha de haber un pero: "...el portador del sufrimiento desapareció detrás del dato cuantitativo, la valoración estadística del pronóstico se impuso por sobre la dramática vital..." (Stagnaro, J. C.; 2002, Vol. XII: 24).

b. La interacción del personal sanitario (médico y enfermero) con el paciente que iniciaba la terapéutica se ha perdido como principio:
"... se desdibujó la relación médico-paciente como instrumento terapéutico por excelencia..." (Stagnaro, J. C.; 2002, Vol. XII: 24).

c. La huida de todo subjetivismo, hacia un objetivismo científico, nos ha llevado a descalificar:
"...como artefacto toda incorporación de lo subjetivo implicado en dicha relación y en el "arte de curar" empujándola al desván de los gestos médicos accesorios..." (Stagnaro, J. C.; 2002, Vol. XII: 24).

Y es en la deshumanización de la práctica médica donde surgen en las últimas décadas del siglo pasado (s XX) diversas corrientes críticas en el seno de la propia biomedicina; una de las disciplinas con mayor vigor es la bioética, la cual podemos definir como la disciplina cuyo objeto es el estudio de los aspectos éticos de las ciencias de la vida (medicina y biología, principalmente), así como de las relaciones del hombre con los restantes seres vivos.

En nuestro país se creó la Sociedad Internacional de Bioética (SIBI) en 1996 a iniciativa y propuesta del médico asturiano Marcelo Palacios, diputado socialista español (1982-1996) y miembro de la Asamblea Parlamentaria del Consejo de Europa (1986-1996), coincidiendo con la aprobación por el Comité de Ministros del Consejo de Europa de la apertura a la firma en Oviedo (4 de abril de 1997) de la "Convención sobre la Protección de los Derechos Humanos y la Dignidad de la Persona en relación con las aplicaciones de la Biología y la Medicina", también conocida como Convención de Asturias, tal y como solicitó su proponente y ponente (Marcelo Palacios) y refrendaron la Presidenta Lenny Fischer y el Secretario General Daniel Tarshys, de la Asamblea Parlamentaria del Consejo de Europa [34].

---

[34] La SIBI fue presentada públicamente en un acto solemne celebrado el 10 de diciembre de 1997 en el Teatro Jovellanos de Gijón. El Comité Científico se constituyó formalmente e inició sus actividades en la primera reunión celebrada en Gijón (España), su sede permanente, el 11 de diciembre de 1997.

Antropología médica

Las relaciones entre medicina y antropología son antiguas; desde Hipócrates S. III en su obra "de los aires, aguas y lugares", donde relaciona el medio, el estilo de vida y la enfermedad; mucho más tarde Gaspar Casal en Asturias (s. XVIII), realizaba, una etnografía del pelagra; y que decir de John Snow y sus etnografías[35] en su estudio de la epidemia de cólera en Londres ya en el s. XIX.

En los orígenes tanto de la Medicina como de la antropología, en la ilustración, las relaciones se configuran en torno al papel de las ciencias: naturales, aplicadas y sociales, en la revolución económica (capitalismo) y la construcción del estado liberal.

Así como señala Peset (1984) hasta finales del s. XIX, la antropología[36] fue una de las ciencias médicas básicas y como tal logró un papel fundamental en la consolidación de la teoría médica y de su papel político.

---

[35] N. AA. Historias clínicas = encuestas epidemiológicas = etnografías.

[36] N. AA. Reiteramos que entendemos la Antropología desde la consideración que hace Claude Levi-Strauss, de que esta tiene tres momentos: uno, la etnografía; dos, la etnología y tres, la antropología. En el primero de ellos, la etnografía vamos al "campo" para conseguir datos que convertimos en información; en el segundo, la etnología, comparamos los información recogida en el campo, por lo obtenido por otros autores de etnografías sobre la misma temática en otras comunidades; y en el último, la antropología, mediante los hallazgos de la etnografías y sus conclusiones, teorizamos. Si bien establecemos estos límites, hay que decir que estos no son rígidos, así que estos momentos se solapan, así un antropólogo al realizar una etnografía, hace su trabajo de campo y recoge datos, objetos, etcétera, pero también analiza, compara, formula hipótesis, etc.

La antropología de la medicina como campo acotado específico podemos atribuir su inicio a los trabajos de Charles Leslie y colaboradores. El interés inicial fueron los sistemas médicos asiáticos, pero su etnografía tenía una perspectiva amplia. Cuando nos hablan de Antropología de la medicina, lo están haciendo sobre aquella "especialidad" de la antropología social y cultural que estudia los sistemas médicos[37], las dimensiones sociales (sickness) y culturales (illness) de la enfermedad y los factores socioculturales que inciden en el desarrollo de las enfermedades (incluida la dimensión disease) y en sus prácticas de tratamiento, entre las definiciones que creemos acertadas pero demasiado restringida está la posición de Kotow, M.:

> "La Antropología médica se ha ido conformando lentamente como una versión especializada de mirar al ser humano desde la óptica de la enfermedad. En consecuencia, hasta ahora tampoco le ha sido fácil a esta nueva disciplina presentarse como una propuesta coherente con metas determinadas, sufriendo las mismas limitaciones heurísticas que la antropología general: exceso de minucia etnográfica, cuestionamiento de enfoques Emic / etic, sobrecarga especulativa, distanciamiento entre teoría y aplicación práctica. (2005:19).

La Antropología médica tiene en cuenta el contexto sociocultural y las implicaciones de las enfermedades y dolencias; así la investigación transcultural nos muestra que las percepciones (*valores y creencias*) de la buena y la mala salud, junto con las actuales amenazas y problemas varían entre culturas, las diferentes sociedades y grupos étnicos reconocen diferentes dolencias, síntomas y causas, y han desarrollado diferentes sistemas de cuidados de salud y estrategias de tratamiento.

---

[37] En España se utiliza este término para distinguir este campo de la antropología médica, una corriente filosófica de pensamiento representada en nuestro país por Pedro Laín Entralgo

Existen diferentes definiciones y posiciones sobre la Antropología médica, aquí vamos a presentar dos definiciones que nos parecen de interés para los lectores de estas páginas:

"Antropología médica, es el estudio y saber acerca de la salud y la enfermedad, así como de los procedimientos terapéuticos en relación con la cultura en la que estos fenómenos se desarrollan"[38].

"Antropología médica, no es tanto un área de la Antropología, ni tampoco de la medicina, cuanto un campo de trabajo interdisciplinario relativamente, y que se desarrolla entre los paradigmas biológicos y socioculturales. Sin embargo su orientación es eminentemente antropológica"[39][40].

No es descabellado pensar, aunque por desgracia fuera de las posibilidades de nuestra observación, que enfermar y morir en una concepción del mundo, han sido circunstancias naturales en el tiempo y en los espacios de los seres humanos; por ello quizás y también por la "desnudez" explicativa de los seres humanos ante ciertas circunstancias vitales, es por lo que todas las culturas se han apresurado dentro de su cosmogonía (visión del mundo y del hombre) a dar respuestas a ambas circunstancias.

Remedando al profesor Rafael Briones, la existencia de esa concepción y preocupación por la enfermedad y la muerte en todas las culturas la convierte en un universal, que como ya comentábamos anteriormente, entienden y explican dichos fenómenos de forma distinta, pero cuyas explicaciones –en

---

[38] Giner, F.; Martin, J.A. "Antropología médica" En Aguirre, A. *Diccionario temático de antropología*. Barcelona. Ed. Boixareu Universitaria. 1993.

[39] Giner, F.; Martin, J.A. "Antropología médica" En Aguirre, A. *Diccionario temático de antropología*. Barcelona. Ed. Boixareu Universitaria. 1993.

[40] N. AA. Los factores bioecológicos y factores socio-culturales influyen en el mantenimiento de la salud y en la aparición de la enfermedad.

consonancia con sus valores y creencias– reducen la angustia sobre la vida y las cosas o los fenómenos que acontecen, que de no estar culturalmente explicados, la situación que se produciría sería del todo punto antisocial.

Enfermedad y muerte parecen ser en el primer caso "ataques" al bien vivir de los sujetos, y en el segundo, con el nacer, uno de los estadios extremos de un mismo proceso, lo que se ha llamado ciclo vital; ahora bien, a pesar de que nos parezca algo simple, no lo es tanto, y es que para que nos hagamos una idea de su complejidad, hemos de pensar que las culturas no coinciden ni siquiera en este tipo de construcciones.

En general, las culturas coinciden en su cosmovisión en que hay dos tipos de vida, a saber, la vida física y la vida anímica (espiritual) que se inicia con la muerte física, y que puede desarrollarse "alrededor" de los individuos vivos físicamente hablando, o en unos lugares especiales, como los "definidos religiosamente" entre los cristianos: el purgatorio, el infierno y el cielo; y aunque sobre esto parece haber un cierto acuerdo, existen culturas que consideran que este ciclo es repetitivo, con lo que ello supone, nacer y morir más veces, o lo que se diría, tener o vivir cada persona más de un ciclo vital.

Así pues la primera duda podría ser la propia vida, si vivimos de una forma solamente, la física; o de dos formas secuenciales distintas (física y espiritual), que conforman nuestro ciclo vital ello nos lleva a que la segunda de ellas no tiene fin, ya que según nuestras creencias nuestro ciclo vital no acaba.

Si la vida, en el cosmos de cada pueblo, ya es un problema para su comprensión, más aún, si la vida no se sabe si se acaba o no, qué podríamos decir de otro de nuestros objetos de reflexión, la enfermedad. Esta, que podía definirse como una "situación" que llamamos anómala, en cuanto a que provoca un "cambio" en los roles de la persona enferma, por no poder cumplir con ellos o por ser liberada de los mismos, por el grupo, y a veces en el estatus[41].

Las enfermedades se pueden clasificar de diferentes maneras, y nosotros lo vamos a hacer en los siguientes tipos: físicas, mentales, culturales y sociales, y debemos recordar, que lo que en una cultura es tomado como una enfermedad, en otra puede no serlo.

En cuanto a la muerte, los autores coincidimos en que la muerte es un fenómeno vital culturalmente afectado, se aprende que es la muerte, se aprende a morir y se aprende a vivenciar aquella. Traemos a estas páginas unas palabras de Morín sobre la existencia de una muerte única:

> "Es en la muerte donde se encuentra la mayor ruptura entre la mente humana y el mundo biológico. Es en la muerte donde se encuentran, chocan, se unen la mente, la conciencia, la racionalidad, el mito.
> "Los animales huyen de la muerte y en cierta manera tienen horror a ella, algunos experimentan dolor por la muerte de sus allegados. Tienen estrategias para evitar la muerte cuando aparece la amenaza de esta, algunos sienten sin duda su inminencia, y van a encubrirse para morir, en ocasiones, como los elefantes, en cuasi cementerios. Pero no conocen los ritos funerarios y no pueden considerar la idea de la muerte.
> "La muerte humana comporta una conciencia de la muerte como agujero negro donde se aniquila el individuo. Comporta al mismo tiempo el rechazo de esa aniquilación que se expresa desde la prehistoria por los mitos y ritos de la supervivencia del doble (fantasma) o los del renacimiento de un ser nuevo" (Morín, E.; 2003:51).

Sobre el sujeto y la muerte diremos que para nosotros es una vivencia individual aunque tiene unas repercusiones en el grupo familiar y en el grupo social:

---

[41] Por ejemplo, un enfermo terminal se puede convertir en un "muerto social".

"Ahora podemos comprender mejor la conciencia humana de la muerte: la muerte no es solo la descomposición de un cuerpo, es al mismo tiempo la aniquilación de un sujeto. La extrema objetivización de la muerte, descomposición y aniquilación..." (Morín, E.; 2003:88)

Y que decir, de los profesionales o especialistas en la salud, que inician sus contradicciones en su propio objetivo ya que curiosamente casi todos son especialistas en la enfermedad. Debíamos remontarnos para explicar la aparición de los especialistas[42], a los procesos de complejización social, y en definitiva a la producción de un excedente, que permitía su mantenimiento; inicialmente eran mediadores entre unas fuerzas desconocidas, y los individuos y sus "problemas".

Debemos matizar que la existencia de más de un tipo de especialistas depende de la cultura; así en algunas podían y pueden existir, como decía, especialistas en diferentes tipos de enfermedades, por ejemplo a lo largo del tiempo estos especialistas han ido cambiando, también han luchado por imponerse entre ellos, un buen ejemplo[43] ha sido la lucha en el ámbito europeo, entre boticarios y físicos, entre los siglos XV al XVII

Como decimos el acuerdo entre los grupos de poder y los médicos, en nuestro contexto occidental, dio a éstos la hegemonía sobre la salud, en una actitud y praxis corporativa de rendimientos infrecuentes, no solo se impusieron a otros especialistas, sino que erradicaron otros tipos de planteamientos sobre la enfermedad y su curación, o la salud y su mantenimiento. Entre sus actividades corporativas, algunas con un cierto parecido a las inquisitoriales, realizadas entre los siglos XIX y XX, de las cuales podríamos destacar, la persecución de los saberes populares, y de sus especialistas, logrando su objetivo con una aculturación casi total de la población, sobre sus

---

[42] N. AA. Estaríamos refiriéndonos al Neolítico.

[43] Mallart, LL (1992:135-154).

conocimientos en materia de salud y de remedios (sobre todo en el ámbito urbano).

Estos especialistas han conservado a lo largo del tiempo cierta "sacralidad" proveniente de algunos jirones residuales mantenidos a pesar del proceso de secularización provocado por la Revolución francesa, ayudados por los rituales propios, donde se practicaba y se practica un cierto hermetismo y secretismo, así como por la eficacia simbólica[44]. Los profesionales médicos además han dominado completamente a otros grupos de especialistas como los farmacéuticos, durante mucho tiempo sus enemigos, y a otros que nunca fueron sus enemigos, como los enfermeros. Así que en nuestra cultura europea occidental estos especialistas (los médicos) se han situado como los "sumos sacerdotes" de la ciencia de la enfermedad y del curar.

Los sistemas de cuidados informales, sostenidos por la familia o el grupo de convivencia, se han mantenido a lo largo del tiempo, con un paso de pequeños conocimientos transmitidos por vía oral, como reminiscencias de aquellos saberes populares (la tisana de la abuelita, para el dolor de barriga y la hierba denominada "cola de caballo" para las hemorragias, por ejemplo [45]); y los cuidados formales a diferencia de los anteriores, se han construido al amparo de esa hegemonía del saber médico, y de las sucesivas corrientes de pensamiento, producidas dentro de él, y eso sí con la connivencia siempre del poder [46], [47].

---

[44] Eficacia que les viene dada no solo por su legitimación social, sino por la utilización de instrumentos y pócimas o fármacos (eficacia técnica).

[45] Formula que nos fue suministrada a Teresa Miret y a Álvaro Bernalte, por una pareja de herboristas amateurs, en un trabajo de campo realizado en la provincia de Murcia.

[46] La transmisión del saber médico en base a tratados, códices, ...etc, apuntalaba la superioridad sobre los saberes populares, de transmisión puramente oral.

[47] El sistema de cuidados ha sido un mecanismo de control social, que han aplicado los médicos en connivencia con las clases dirigentes.

En la actualidad diversos factores están estimulando una reflexión sobre las alternativas a una medicina tan agresiva como la occidental, entre ellos la búsqueda de un trato diferente en contra de la despersonalización existente en el sistema oficial y de soluciones a problemas que la medicina occidental, también llamada hegemónica, no encuentra o no puede dar. Ello ha producido que aparezcan en unos casos o se hagan visibles en otros, sistemas de atención, unos populares entre ellos los sanadores y otros de una gran historia en otras tradiciones médicas, como la acupuntura; con un grado de aceptación amplio, y con una consecuencia interesante como la aparición de itinerarios de los pacientes entre estas agencias o sistemas de cuidados, oficiales y no.

Podríamos decir que hoy día en este flujo entre pacientes y profesionales se produce que:

> "los apóstatas de la medicina oficial, ocasionan una inquietud, mayor si cabe si son especialistas de la misma, ¡No hay nada peor! Los apóstatas se convierten además en conversos, que a partir de su 'transformación' tienen que construir el mundo y su visión de la salud y de la enfermedad, con ello niegan y desafían la cosmovisión aceptada y legitimada (biomédica). Lo peligroso no está en las creencias y prácticas de los conversos, sino en el significado social que los 'no desviados' les damos, fabricamos" (Bernalte, A.; Miret, M.T.; 2001).

Abundando en lo antedicho sobre la búsqueda de alternativas, Kottow nos habla de que:

> "La medicina tiene vastas áreas de impotencia terapéutica, especialmente en el ámbito de las afecciones crónicas. La insatisfacción de los pacientes ante las medicalizaciones técnicas explica la persistencia en el tiempo y el auge tardomoderno de las medicinas alternativas" (...) "Hay un desplazamiento cultural desde las confianzas arraigadas en la razón, la ciencia, la religión, el progreso, hacia búsquedas de modos terapéuticos diferentes, no explicables, esotéricos, en

suma apuntando el anhelo de lograr una comunicación en cuanto a persona enferma y existencia lesionada, más allá del daño orgánico." (2005:32)

Para terminar, nos gustaría insistir, en que existe una relación intima entre los valores socioculturales y las ideas sobre la salud, tanto las positivas como las negativas, obviamente la Medicina tiene implicaciones sociales, y no consiste en un nuevo fenómeno social.

Ervin H. Ackernecht

.

Ervin H. Ackernecht., el "fundador" de la Antropología médica; consideraba ésta, como una antropología aplicada, es decir la utilización de la etnografía, para conseguir que los no occidentales aceptaran nuestra medicina.

Tanto la ecología, como la epidemiología, se aplicaban al análisis de la medicina primitiva entendiendo la medicina primitiva como un término descriptivo (no peyorativo) que refiere a la medicina de los pueblos ágrafos (históricos o prehistóricos); existe otro término que suele confundirse con el anterior, el de Folkmedicina, que refiere a una medicina popular mezcla de medicina primitiva, galenismo y tecnología moderna mal asimilada procedente del proceso de aculturación popular (alejamiento de sus sanadores y fuentes de medicamentos) y del bombardeo médico en su lucha por imponerse.

Sobre la medicina primitiva, según Ackernecht podría plantearse una duda legítima, sobre si es posible hablar de «medicina primitiva» en general. Partiendo del hecho de que es cierto que todas las sociedades humanas, primitivas o civilizadas, padecen enfermedades, podemos afirmar que la enfermedad es tan vieja como el hombre, y es uno de los problemas vitales y básicos con los que se enfrenta cada grupo o sociedad, y es por ello que toda sociedad humana, conocida, desarrolla métodos para tratar la enfermedad, y entonces crea una "medicina"; pero la actitud hacia la enfermedad, la explicación de qué es y cual es su causa (etiología), y los métodos de luchar contra ella varían enormemente en las distintas tribus primitivas y entre algunas sociedades.

La medicina primitiva, no puede estudiarse como una medicina moderna embrionaria, hay que estudiarla en sí misma, definiendo sus tres categorías esenciales:

a. carácter mágico
b. aspecto social
c. aspecto psicológico o psicopatológico

Sobre el carácter mágico, decía Ackernecht que:

"... he insistido hasta la saciedad en el carácter mágico de la medicina primitiva. ... Los historiadores de la medicina han pasado por alto este aspecto, porque no se adaptaba a su concepto de la medicina" (...) para ellos, la medicina es algo objetivo (...) los médicos cortan, dan píldoras, etc., y los historiadores que buscan lo mismo en los primitivos no les convence (...) yo he subrayado, el carácter mágico incluso en estas prácticas" (...) "hay también un componente mágico en la medicina moderna ...pero hay diferencia entre una medicina que es básicamente mágica y posee algunos elementos racionales, y otra medicina que es fundamentalmente científica y contiene algunos elementos mágicos" (1985:16-18).

Sobre el aspecto social, el mismo autor comenta:

"la medicina primitiva aparece muy claramente más como una función de la cultura que como una función de la biología" (1985:21).

El concepto social de enfermedad, la existencia de la enfermedad, no se decide por la presencia de un cambio biológico. Es cierto que siempre existe éste, pero sólo cuando la sociedad decide que este cambio biológico es enfermedad, entonces aparece la enfermedad, por ejemplo: en su trabajo sobre el paludismo en el alto Mississippi la gente acostumbraba a decir: «¡oh!, este hombre no está enfermo, solo tiene paludismo».

La medicina y el control social, hay que decir que la medicina y el concepto de enfermedad desempeñan un importante rol social al preservar a la sociedad, en la medida que son sanciones sociales; por ejemplo: el primitivo, si cae enfermo, inmediatamente se pregunta en qué ha violado las reglas sociales de su grupo, puesto que ha aprendido que la enfermedad es el castigo que inflinge lo sobrenatural, por eso evidentemente, ello mantiene a la gente en orden.

Sobre el aspecto psicológico o psicopatológico, defiende que:

> "no todo lo que parece psicopatológico en la cultura primitiva a un extraño, lo es (...) yo apliqué este principio al hombre-medicina, que ha sido malinterpretado en la literatura histórico-médica tradicional (estafador o psicópata) y acuñé términos como: autonormal y heteronormal; y autopatológico y heteropatológico". (1985:18).

Sobre los aspectos generales a definir/describir de la medicina primitiva, podemos hablar de:

- La etiología: La enfermedad y la muerte no son explicadas por causas "naturales", sino por la acción de fuerzas sobrenaturales.
- Los mecanismos causantes de la enfermedad, son:
  - La intrusión de un cuerpo o espíritu extraños.
  - La pérdida de una de las almas que puede ser raptada o devorada.
- El agente causal, puede ser:
  - Un agente sobrenatural (dios, espíritu, antepasado,...) que se siente ofendido.
  - Un ser humano que se venga a través de su hechicero o actuando él mismo como hechicero.
  - Sobre el diagnóstico de lo sobrenatural, por medios sobrenaturales, existen diferentes tipos de adivinación como arrojar huesos, contemplación de cristales, trances, el diagnóstico del huevo[48]... etcétera.

---

[48] Observado por los autores en Baja California, realizado por unas chamanas.

- La terapéutica, básicamente podíamos agruparla en:
  1. tratamientos empíricos con: hierbas, masajes, baños, etc.
  2. ritos puramente religiosos (encantos mágicos u oraciones)
  3. mixtos, que son una mezcla de los dos anteriores

De la terapéutica de la medicina primitiva decir, aún a riesgo de ser reiterativos, que toda sociedad humana conocida desarrolla métodos para tratar la enfermedad, y entonces crea una "medicina", si bien esto se produce con carácter general... la actitud hacia la enfermedad y los métodos para luchar contra ella, la forma de entender, explicar y afrontar la enfermedad y la muerte varían enormemente en las distintas tribus primitivas.

Sobre la cirugía existían diferentes técnicas, así hay restos arqueológicos que confirman la realización de trepanaciones, decía sobre ello Ackernecht que:

> "Los primitivos no carecen de habilidad técnica, como muestra la difusión y éxito de la práctica de la trepanación..." (1985:26).

En cuanto a la farmacopea, muy desarrollada excepto en el ártico y la melanesia, son de un "valor medicinal indudable la cantidad de hierbas, cortezas y raíces usadas por los nativos" (Ackernecht, E.; 1985:19), se difundían las teorías y prácticas primitivas, pero no se adentra por su poco conocimiento y experiencia.

¿Para qué una "Antropología de la salud, la enfermedad y del sistema de cuidados"?

En primer lugar, justificar la utilización de un término más descriptivo o comprensivo con la propia naturaleza u objeto de estudio de este campo de la Antropología aplicada, tal como exponemos en el título de este apartado:

> "Antropología de la salud, la enfermedad y del sistema de cuidados".

El término Antropología de la medicina, creemos que responde a esa prepotencia de considerar un área disciplinar "la medicina" como hegemónica dentro de los saberes que prestan atención a ese complejo salud-enfermedad-sistema de cuidados, cuando lo único que se puede afirmar es que pretende monopolizar el saber sobre la enfermedad:

También opinamos que responde a la simple, llana y portentosa estrategia, de muchas profesiones, estudios, o disciplinas de acercarse al sol que más calienta, en definitiva la medicina, y sus representantes los "médicos", independientemente de la aparición y posterior desaparición en las facultades de medicina de asignaturas que sirvieron de nexo entre la medicina y la Antropología, como la Antropología física.

Quisiéramos traer a colación de lo antedicho unas ideas de M. Kottow quien manifestaba que el desarrollo de la Antropología médica había sido, sobre todas las cosas, etnográfico. Pero que existían dos circunstancias que justificaban el ampliar e intensificar los estudios y la teorización, tal como nosotros pretendemos:

- "La biomedicina no ha sido lo suficientemente exitosa como para erigirse en el único paradigma médico" (2005:44).
- "Una parte importante de las mejoras sanitarias y aún del control de enfermedades se debe a factores no médicos (Kleinman, A., 1997). Este reconocimiento de la Antropología médica y de otras disciplinas, no significa que esté en condiciones de establecer causalidades patogénicas; su labor consiste, más bien, en reconocer y llamar la atención sobre la complejidad cultural y valórica que la enfermedad toma para los afectados, conminando a la medicina a hacerse cargo de una realidad válidamente más multifacética de lo supuesto por las ciencias duras" (2005:44).

Los antropólogos decimos que es importante conocer el modo de vivenciar la enfermedad y hacer medicina en otras culturas, no solo por lo que dice el autor antes mencionado sino por las prácticas terapéuticas en si mismas, y también por los presupuestos culturales que aceptan y que debieran tal vez ser estudiados en nuestra cultura. También, porque todo lo que rodea a las tres dimensiones de la enfermedad, a saber: disease, illnes y sickness [49], debe ser conocido en profundidad, para mejorar desde la relación enfermero o médico paciente y/o cuidador, hasta cambiar la "cultura" interna de las instituciones.

Hablando del objeto de estudio de esta subdisciplina de la Antropología Social y Cultural, como una cuestión que preocupa mucho tanto teóricamente, a los profesionales de la Antropología, como a la hora de abordar un trabajo de inves-

---

[49] "La enfermedad (sickness) no es un término vacío de contenido para referirse a la patología (disease) y/o su percepción (illness), se puede redefinir como el proceso a través del cual se da significado social a signos de desórdenes conductuales y biológicos, especialmente a los de origen patólogico convirtiéndolo en síntomas y hechos socialmente significativos" (Young, A., 1982:270 en Uribe, X., 1996:17).

tigación sobre la materia, también a los profesionales y a los alumnos; me parece más didáctico describirlo según nuestra forma de verlo, agrupando los contenidos de ese objeto de estudio, dependiendo del tipo de sociedad.

La estrategia de estudio de esta antropología aplicada, se puede aplicar en dos áreas bien diferenciadas:

- En las sociedades desarrolladas o complejas.
- En las sociedades "primitivas"

EN LAS SOCIEDADES DESARROLLADAS O COMPLEJAS

En una sociedad desarrollada, donde existe un sistema de cuidados principal (hegemónico) y otros subalternos, como es el caso de los países europeos, se podrían dedicar los esfuerzos de investigación, a:

- Los sistemas de cuidados, hegemónicos o no existentes, y las relaciones que se establecen entre ellos; obviamente los sistemas que los grupos establecen para abordar el problema de la enfermedad y la muerte, han sido por ejemplo en nuestro país un sistema al parecer excluyente, pero que permitía la existencia en su periferia de algunos sistemas de cuidados populares, como los religiosos o pseudos – religiosos, y otros tipos de sanadores, como los sanadores expertos en huesos, de los que al final se aprovechaba [50].
- Las interacciones entre los especialistas oficiales y no oficiales y los individuos que acuden a ellos, la importancia de estas interacciones no solo como rituales de lo cotidiano, sino por la propia influencia que la relación puede tener, dado que la misma puede ser terapéutica o iatrogénica, porque la relación no es "per se" beneficiosa depende de cómo se establece.

---

[50] A modo de ejemplo, podía mencionar haciendo un paralelismo la Teoría centro-periferia de los sistemas productivos.

- Los valores, las creencias y las prácticas de los individuos con respecto a la vida, a la salud y a la enfermedad, la aproximación a las representaciones colectivas y a las prácticas que individuos y grupos tienen versus su salud, que es de capital importancia en planteamientos de Educación para la Salud [51], donde muchas veces las creencias y los valores de los individuos chocan con los objetivos de los especialistas; de ahí que su estudio y la reflexión sobre los mismos, podría impedir un gasto innecesario de esfuerzos de todo tipo al orientar positivamente los programas educativos.

- Los itinerarios terapéuticos de los pacientes, que como ya hemos comentado cruzan de unos sistemas de cuidados a otros y que son frecuentes en enfermedades de una cierta entidad por la preocupación ante la muerte y por lo tanto la búsqueda de todos los recursos a su alcance, incluso los religiosos, o en las enfermedades crónicas, las cuales por su duración llevan al aburrimiento del enfermo (a veces también del grupo familiar) y a un desfallecimiento que limita la calidad de vida, y que aún es más penoso en la actualidad porque los "mass media" se encargan de "vender" valores, como por ejemplo el del cuerpo "danone", o el viajar como necesidades vitales; es por todo ello que su observación y análisis puede dar a los antropólogos mu-

---

[51] Es para nosotros importante constatar que no habla de Educación para la Salud (EpS) en un sentido de proyección de la culpabilidad sobre el sujeto como primer paso (aunque se esté imponiendo) ni de un aprendizaje conductista, como segundo, que los sicólogos toman como educativo, y que no son otra cosa que técnicas de apoyo o refuerzo; para mi la EpS tiene como único objetivo educar a las personas o los grupos, con diferentes técnicas pedagógicas no para que hagan algo que los especialistas consideran que deben hacer, sino que mi orientación pretende que las personas adquieran los conocimientos necesarios para poder elegir entre conductas saludables o no (entendiendo que estos términos varían y como ejemplo la hoy loada dieta mediterránea, ayer denostada).

chísima información sobre los sistemas de cuidados, los enfermos, y los especialistas que los atienden.

- Las instituciones sanitarias que en nuestro país denominamos cerradas y abiertas[52], entendidas como lugares de control y aprendizaje social, sorprende que en instituciones abiertas como centros de salud, se produzcan acciones de institucionalización como las que se describían en las instituciones totales estudiadas por Goffman[53].

- Las representaciones colectivas y las prácticas con respecto al dolor y la muerte; en nuestra sociedad parece un bien en sí mismo conseguir que los enfermos (sobre todo los terminales) no sufran dolor, nuestra forma de abordar la muerte es cada vez menos estructurada, no queremos entenderla y los esquemas culturales de vivirla de forma armoniosa o menos dolorosa, han sido abandonados[54].

---

[52] Se entiende por *instituciones cerradas*, los hospitales donde el enfermo ingresa y vive X tiempo allí sin poder salir, y por *instituciones abiertas* a los centros de salud y consultorios.

[53] N. AA. Para más información se puede consultar el libro de Bernalte, A. (2004) *Etnografía de un Centro de Salud*, Cádiz. Servicio de Publicaciones de la Universidad de Cádiz; donde uno de los autores de este libro se llevo una sorpresa mayúscula en el trabajo de campo de su tesis doctoral, cuando encontró un paralelismo claro entre las Instituciones totales estudiadas por Goffman y los centros de salud, en cuanto a su comportamiento inicial con el enfermo, entre estas la despersonalización con la aplicación de un número que sustituye a su nombre y apellidos...

[54] N. AA. En una visita al Museo Nacional de Antropología de ciudad de México, unos niños miraban sentados en el suelo la reproducción del día de difuntos en México, que dura dos realmente, uno se dedica a los adultos, ante una pregunta del Antropólogo que les explicaba, un niño menor de 6 años, le contestó que aquello era Halloween, a lo cual de forma muy expresiva el improvisado profesor le dijo que no, que esa no era la forma de vivir en México la muerte, eso era una fiesta de los gringos, que la manera de recordar a los muertos en su país recogía los altares, las ofrendas de alimentos, las flores, los cantos, la vivencia de los mexicanos... y siguieron las preguntas, mientras nos sentábamos detrás de los niños para observarlos a ellos y al "profesor".

Podía decirse que la obviamos en lo posible, hasta que esperada o inesperadamente llega.

▪ La construcción y vivencia personal de la enfermedad; sobre todo en enfermedades de alta letalidad, dolorosas o largas, el paciente necesita "que le den un respiro" necesita tiempo para construir su enfermedad, su imagen de ella y de si mismo, y probablemente para fijar nuevos objetivos con respecto a este suceso dependiendo de la gravedad, también con respecto a su vida o a su muerte, y con respecto a sus responsabilidades sociales, familiares o de otra índole.

▪ La documentación sanitaria, que debe abordarse como una fuente de información[55], no como un fin en sí misma, dado que existe una abundante información sanitaria que podría suministrar a los científicos sociales un interesante material; entre este tipo de información destacan las historias clínicas, los informes socio-sanitarios, los informes clínicos, etc.

▪ El análisis de la terapéutica, de su aplicación, de las relaciones que se establecen y de la eficacia simbólica, entre otras cosas la de la farmacopea y la de la tecnología; ahondando en los comportamientos de médico y paciente en la interacción o interacciones.

▪ La enculturación/formación de los especialistas, los valores, creencias y prácticas propios que reproducen, deben permitir obtener una visión de los especialistas desde el punto donde su aprendizaje (enculturación) se diferencia o le aleja del de sus pacientes, y de sus otros colegas (enfermeros, farmacéuticos, etc.); en definitiva esto es lo que produce una diferente concepción de la enfermedad, causa, tratamiento,... entre el médico y el paciente.

---

[55] Como afirmaban Hammersley y Atkinson.

- El apoyo a la epidemiología social, donde la Antropología de la Medicina, ya ha aportado mucho y bueno al conocimiento de ciertas enfermedades y de algunas de sus causas.

EN LAS SOCIEDADES "PRIMITIVAS"

En las sociedades "primitivas" deberían destinarse aquellos esfuerzos investigadores, entre otros objetos a:
- Relación entre "religión" y "medicina", y entrecomillo los términos, puesto que probablemente ambos no sean lo esperado por el investigador, que puede encontrar que para diferenciar ambas tiene una dificultad añadida, ya que no existe frontera, y que no hay un sistema de respuesta a la enfermedad al margen de la religión u otras instituciones de dicha cultura [56].
- La clasificación de las enfermedades, su etiología y los tipos de tratamientos, y sus relaciones, así mismo las categorías que se establecen y que hacen visibles —muchas veces— los valores y creencias sobre las enfermedades.
- Los especialistas, sus capacidades de curar, de morir o señalar a una persona, investigar la presencia de uno o varios especialistas, su dedicación y el por que a uno u otro tipo de enfermedades, así como sus técnicas reparadoras.
- La enfermedad como un modo de control social, los rituales alrededor de la enfermedad, la muerte y la vida. La participación de la comunidad, o una parte de ella en

---

[56] "El que succeí, pèro, va ser que ven aviat vaig adonar-me que "religió" i "medicina" eren dos temes que no podien tractar-se per separat" (MALLART, LL., 1992:137) traducido por los autores como "lo que sucedió, fue que rápidamente me di cuenta de que "religión" y "medicina" no podían ser tratadas por separado".

los rituales de curación, la utilización en los mismos de hierbas, animales, cantos, el por qué de su elección, etc.

- Las representaciones colectivas y las prácticas con respecto al dolor, la enfermedad y la muerte; la consideración del dolor y su forma de abordarlo y/o obviarlo, la construcción de la muerte, los tipos de muerte, etc.

- Los itinerarios de los individuos, entre la medicina "tradicional" y "occidental", y su aceptación del paso de una a otra concepción sin ningún trauma.

- El sincretismo existente en las prácticas de ciertos sanadores, como en los chamanes mexicanos, donde se introducen en los rituales tradicionales iconos cristianos.

"Per a nosaltres, l'acte terapèutic d'obrir el cos y extirpar un tumor maligne, no planteja (actualment) cap problema d'ordre filosòfic. Per als evuzok, en canvi, podía plantejarne un relacionat amb la seva manera de concebre la persona humana" (Mallart, LL. 2001:123)[57].

---

[57] N. AA. Traducción libre "para nosotros, el acto terapéutico de abrir el cuerpo y extirpar un tumor maligno, no plantea (actualmente) ningún problema de orden filosófico. Pero para los evuzock, en cambio, podía plantear uno relacionado con su forma de concebir la persona humana".

¿Cómo investigar en Antropología?

Creemos que es importante iniciar este capítulo con una referencia histórica a quien definió los aspectos que debía tener el trabajo de campo[58], es decir a Rivers que a principios de siglo, lo describió con frases como esta: un investigador aislado, especialista en Antropología, aislado de su grupo de referencia; si bien quien llevo el trabajo de campo a la práctica fue Bronislaw Malinowski con su trabajo descrito en el capítulo introductorio "Los argonautas del pacifico occidental" y que es reconocido por muchos autores como el acta fundacional del trabajo de campo antropológico.

A partir de entonces se establece el trabajo de campo como un precepto iniciático, aunque cada investigador lo recrea de forma diferente, según el lugar, la situación, etcétera.

Resumiendo la aportación de Malinowski, lo más destacado en su momento no fue la creación del cuaderno de campo, los cuadros sinópticos,... sino el **fundir la teoría con la práctica en el trabajo de campo**, con el investigador aislado de la sociedad de la que procede (e incluso una actitud de soledad) y durante un período muy largo, lo cual produce una comprensión individual del objeto y / o sujetos de estudio mediante una sinergia con la otra cultura, y hay que repetir que él es el primero que lleva a término la experiencia.

---

[58] FIELDWORK es término introducido por Haddin en la Antropología británica, era un zoólogo que decidió pasarse a la Antropología con una visión biologicista / zoologista.

Entre las aportaciones de Malinowski, podemos mencionar:

a. La importancia de la visión emic, ya que estableció que la vida de los salvajes había de ser entendida en los términos de estos.

b. El trabajo de campo que se inicia con Malinowski es una originalidad metodológica que reside en tres cuestiones: *instrumentalización o manipulación de las relaciones sociales*, que supone cualquier trabajo de campo que realiza un investigador para obtener aquella información que necesita, en la cual no hace explícitos sus objetivos por la distorsión, ya que al poseer esa información los informantes podrían perder sinceridad; *la posibilidad y la necesidad de contemplar la cultura desde el punto de vista del nativo;* y por último, la pretensión de aprehender la totalidad, el holismo, ya que *los objetos no son entendibles fuera del contexto.*

Para establecer la importancia del trabajo de campo debemos citar a George W. Stocking quien decía que el trabajo de campo es la experiencia constitutiva de la Antropología, porque: distingue a la disciplina, cualifica al investigador y crea el cuerpo primario con sus datos empíricos.

Existen diferentes categorizaciones de la etnografía, así se define esta como:

- El estudio holístico de las sociedades, y se expone como ejemplo los estudios de comunidades.

- Investigar de forma pormenorizada patrones de interacción social (sin límites geográficos). Como ejemplo, el estudio de conductas carcelarias, que nos obligaría a salir de los límites de la cárcel, para analizar los contextos donde se han desarrollado los individuos.

- Sólo como descripción, así en el proceso de la investigación, el momento etnográfico es el momento de la descripción (de lo observado, de lo recogido,…).

- Única vía para registrar narrativas orales (biografías, tradición oral, dichos populares, etc.).

- La única manera que tenemos de probar hipótesis o poner a prueba teorías ("la más científica").

A parte de esas ideas, lo que no cabe duda es que la etnografía es un camino entre otros y no el único método de investigar.

Si fijamos nuestra mirada estrictamente en el proceso etnográfico, podemos conceptualizar este como un conjunto de operaciones que buscan dar un tratamiento completo a la información obtenida, desde que es captada en el campo de trabajo hasta que llega a ser un texto escrito; en el proceso etnográfico debemos distinguir entre:

- acciones, consideraremos como tales el conjunto de prácticas concretas que constituyen el trabajo de campo y que no hay forma de secuenciarlas ya que se solapan, así: la observación participante, las entrevistas...

- objetos, hacemos referencia a lo buscado por el etnógrafo en el campo, y sobre ello debemos decir que es un gran problema delimitar el objeto de estudio, así que se debe observar o en que se va a trabajar, pero creemos que en el propio trabajo de campo se parte de una luz intensa y un foco difuso, como diría el profesor Antonio Mandly, que se va haciendo a medida que permanecemos sobre el terreno más nítido.

- transformaciones, son técnicas que se aplican a la información obtenida, para hacerla inteligible; el etnógrafo no recoge datos, sino que produce información, y el tratamiento de esa información son las transformaciones: extrañamiento, interpretación, descripción, traducción cultural, triangulación, etcétera.

Sobre la investigación en general que puede estar basada en una encuesta y el trabajo de campo, Godelier establecía cuatro etapas que creemos importante traerlas aquí según las expresa el autor:

"La puesta en marcha, en donde se elaboran las problemáticas, donde se consultan los archivos y los mapas; el contacto con el campo, donde se ponen en marcha los ficheros, donde se estudian las relaciones del hombre con su medio natural, donde se recopilan los textos; el estudio de las técnicas de producción, donde se acumulan los documentos que permiten el análisis ulterior de los procesos económicos; por ultimo, el estudio de las unidades sociales, donde se aborda el análisis de las relaciones entre infraestructuras y superestructuras" (Godelier, M.; 1984:15).

También aunque creemos que no hay límites disciplinarios rígidos, quisiéramos diferenciar en esta época en que todo se mezcla, la tarea del sociólogo de la del antropólogo, siguiendo en la línea de pensamiento de Creswell, R.:

"... las etapas de una labor científica. En primer lugar viene la recopilación de los hechos, y dentro de un momento volveremos sobre el problema de la objetividad. En segundo lugar, el investigador analiza los documentos recopilados, clasificando los hechos recogidos, separando las estructuras intentando discernir la significación de las relaciones. La tercera etapa consiste en la interpretación de los análisis, que permiten proceder en la ultima etapa a la formulación de hipótesis que a su vez deben dirigir una nueva recopilación de hechos" tradicionalmente la Antropología comenzaba por la etapa inicial mientras las otras ciencias del comportamiento humano, especialmente la Sociología, por la etapa situada en última posición" (1984:20)

"... El sociólogo tras alimentar su reflexión con ejemplos sacados de su propia sociedad, podía partir de hipótesis y de especulaciones que debían ser verificadas por encuestas. Así pues intentaba en primer lugar deducir, después controlar sus deducciones. El antropólogo, por el contrario, se trasladaba a otra sociedad donde todo era diferente, desde la cultura material y la economía hasta la ideología, pasando por la lengua. Por lo tanto debía empezar forzosamente por la observación simple antes de intentar inducir los principios de organización de la sociedad estudiada. En otras palabras el sociólogo, porque trabaja por deducción, no puede, por definición, prescindir de una problemática. El antropólogo, aparentemente, podía prescindir de ella, en realidad, debía prescindir de ella hasta el momento que hubiese acumulado una suma de conocimientos sobre la sociedad estudiada al menos equivalente a la del sociólogo sobre su propia sociedad" (1984:20).

Para centrar a los lectores sobre el investigar en Ciencias Sociales, debemos decir que ante todo implica definirse así mismo con respecto al mundo, posicionarse en definitiva sobre la forma de aprehenderlo, que a diferencia de la investigación en las Ciencias Naturales, donde los experimentos controlados y nuestra condición previa de que la realidad es cognoscible, auguran una vez atrapadas y demostradas nuestras hipótesis, un conocimiento "verdadero" de la realidad u objeto que estábamos estudiando.

La investigación en Ciencias Sociales necesita clarificar ante todo la posición en que se sitúa el investigador con respecto al mundo, es decir la realidad social, hemos pues de instalarnos en un paradigma, que es un término que podríamos definir como un conjunto de creencias que guían la acción. Insistiendo en este hecho, en Antropología nos situamos primero en un paradigma que es en definitiva la forma que tenemos de entender la realidad, y por lo tanto delimitamos las posibilidades que tenemos para acercarnos a ella, en definitiva de conocerla y de construirla.

En cuanto a los paradigmas podemos hablar del positivista y el antipositivista, así:

a. El positivista da una importancia central a las técnicas cuantitativas como las encuestas, se sigue el modelo de trabajo de las ciencias físicas, se contrastan las teorías (confirman o falsan) y además estos hechos son recogidos de una manera que se considera "neutral". Los "dogmas" de este paradigma podríamos decir que son:

- seguir la lógica del experimento, se toman variables que se miden cuantitativamente y se manejan para ver las relaciones existentes entre ellas. Por ejemplo, cuanto mayor es el índice de urbanización, menor es la tasa de fertilidad, etc.

- el establecimiento de leyes universales, mediante la generalización de relaciones regulares entre variables que se mantendrán siempre constantes.

- la observación neutral, donde tienen prioridad los fenómenos que pueden observarse, medirse y cuantificarse.

Una crítica a ese paradigma es que la investigación social tiene implicaciones que desbordan por completo este esquema, y que entre otras hacen surgir un paradigma que denominaremos postpositivismo, que intenta evitar en lo posible las críticas recibidas.

b. Si hablamos del paradigma antipositivista este expresa que para la investigación social:

- la etnografía es el método ideal, porque permite recoger los hechos en estado puro, por medio del investigador que va al campo de trabajo.

- que no tiene sentido la explicación del mundo mediante relaciones causales o sea valiéndose de leyes universales, por que las conductas humanas no se pueden entender al margen de los significados de las acciones.

- y aspira a conocer los significados, que son lo fundamental y trata de huir de todo tipo de experimentación, todo ello a través de descripciones muy detalladas de esa realidad social.

Los autores nos situamos en una postura antipositivista, que podríamos definirla como sigue:

"la realidad o los objetos o asuntos de estudio, pueden ser observados de diferentes maneras, desde diferentes puntos de vista (paradigmas y enfoques metodológicos) por los observadores, los cuales determinan *per se* realidades distintas. Así cuando nosotros estudiamos un objeto, lo que hacemos es vislumbrar una realidad, no la única realidad, y si la actividad etnográfica ha sido realizada correctamente, sabremos que es lo que hemos observado, aquí y ahora, nosotros".

Cuando analizamos los paradigmas observamos tres aspectos:
* el Ontológico que nos habla de una forma de entender la realidad o de construirla.
* el Epistemológico, que refiere a la relación entre el investigador y lo que se pretende conocer.
* El Metodológico, que nos explicita como se obtiene la información sobre la realidad u objeto de estudio.

Situándonos en una postura cualitativa, cuyas características son: el holismo, la perspectiva de los actores denominada emic, y la realización de un proceso inductivo, que nos debe llevar a la comprensión del problema de estudio.

Cuando uno tiene claro en qué paradigma se sitúa[59], debe establecer cuál es su enfoque metodológico, en nuestro caso es la etnografía, cuya base teórica se asienta en la Antropología, y que pretende, entre otras, analizar la cultura de un grupo, sus valores, sus creencias, y sus prácticas.

La etnografía utiliza prioritariamente el trabajo en el campo y entre sus técnicas: la observación participante[60], las entrevistas etno-

---

[59] Qué es para él la realidad y como puede aproximarse a ella.

[60] La observación participante, procede de la reformulación realizada por Malinowski en "Los argonautas del Pacífico Occidental", donde establece los pilares de la práctica profesional de los antropólogos reorientando el trabajo de campo, y donde este se convierte en el ritual de paso para convertirse en Antropólogo. Podríamos definirla como una observación directa realizada por el etnógrafo, que implica una relación con los sujetos y objetos de estudio, que permite recoger no solo la visión etic (la del etnógrafo) sino también la visión emic (de los "otros"), sobre los contextos e interacciones que suceden en la institución o la comunidad que estudiamos, en palabras de Taylor y Bogdam. *"La observación participante... designa la investigación que involucra la interacción social entre el investigador y los informantes en el milieu de los últimos, y durante la cual se recogen*

gráficas[61], la oralidad (historias y trayectorias de vida, narraciones, leyendas), conversaciones no formales, películas y fotografías.

Cuando hablamos de una postura cualitativa estamos hablando de una realidad que se construye en la acción de una manera local y específica, y que es plural, por ejemplo la enfermedad misma puede ser observada desde el punto de vista del enfermo, de los familiares, de los enfermeros, etc. y con respecto a los actores sabemos que las personas en sus relaciones construyen el mundo social, es decir que se atribuyen significados, que el contexto "condiciona" los significados, y que poseemos la cultura que nos permite interpretar los significados.

La necesaria flexibilidad y creatividad de los estudios etnográficos, hace que no se pueda planificar a nivel etnográfico exhaustivamente, dado que se cambia dependiendo de la evolución del mismo, los conocimientos, las circunstancias..., pero esto no significa ir a trabajar al campo sin planificar, es decir hay que planificar con flexibilidad y creatividad, para poder cambiar y adaptarse.

datos de modo sistemático y no intrusivo "(1996:31) y de Guasch, O., "La observación participante es uno de los modos de investigación que permite prestar mayor atención al punto de vista de los actores. Tal y como pretenden los clásicos, se trata de que el investigador se convierta el mismo en un nativo a través de la inmersión en la realidad social que analiza" (1997:36).

[61] Las entrevistas son una de las técnicas más utilizadas en las investigaciones sociales, ya que es la única forma de acceder a los valores, percepciones y creencias de los entrevistados, podría servirnos de definición —entre las muchas existentes la citada por Del rincón y otros: *"para Maccoby y Maccoby (1954, cit. En Smith, 1975) la entrevista es "un intercambio verbal, cara a cara, entre dos o más personas, una de las cuales, el entrevistador, intenta obtener información o manifestaciones de opiniones o creencias de la otra u otras personas (1995:307);* para Sandin (1985) las características comunes, destacables de las entrevistas, pueden ser: se produce una comunicación verbal, existe un cierto grado de estructuración, su finalidad es específica, la situación es de asimetría entre entrevistador y entrevistado, es un proceso bidireccional, y los participantes adquieren unos roles específicos; las entrevistas que planteamos tenían dos objetivos: recoger datos y complementar la observación participante.

Umberto Eco, en su obra *Cómo se hace una tesis*, habla de cuatro reglas obvias, que quizás se obvian por su propia obviedad, las reglas en la elección del tema:

- que el tema esté relacionado con los intereses del doctorando (que tenga algo que ver con su experiencia, con su mundo político,...);
- que las fuentes sean asequibles (al alcance físico del doctorando);
- que las fuentes a las que se recurran estén al alcance intelectual, del doctorando; y por último,
- que el cuadro metodológico esté al alcance del doctorando

Tal como pensamos los autores, la investigación se inicia entre otras razones por la existencia de una duda, un problema, o con la curiosidad científica que nos producen ciertos asuntos. Todo ello nos impulsa a abrir una ventana para conocer el mundo, y en definitiva lanzar preguntas [62] al aire y buscar respuestas a las mismas.

Las preguntas debemos evitar acotarlas demasiado inicialmente, lo cual no significa que no se deban diseñar concienzudamente, debido a que ello nos ayudará a definir el propósito y el contexto social del estudio, así como a seleccionar la metodología. Si quisiéramos diseñarla iniciaríamos el proceso definiendo nuestro interés inicial y lo haríamos preguntándonos ¿Qué nos interesa? Por ejemplo la situación de los cuidadores de los enfermos crónicos y el campo empírico, que en ese caso podría ser la enfermería comunitaria; a continuación deberíamos plantearnos que queremos saber, y ubicarnos de forma sustantiva, es buscar un apoyo teórico; y revisar de una forma preliminar otros estudios para identificar áreas asociadas, como en este ejemplo podían ser: crónicos, ancianos, enfermedad mental,... etc.

---

[62] Esa pregunta al igual que nuestro paradigma y nuestro enfoque metodológico van a marcar el estudio.

A continuación debemos realizar *una revisión de la literatura*, en donde se establece un dilema sobre qué leer y qué no leer, debemos recomendar una revisión específica en el área de conocimiento en la que nos movemos, la Antropología médica, y una no exhaustiva, que contemple áreas disciplinares próximas (medicina, sociología médica,...), en la lectura hay que plantearse así mismo qué buscar, y la respuesta está en:

- El balanceo entre dos polos, a saber: lo similar y lo distinto, así podríamos descubrir que existen dos categorías de cuidadores profesionales o no profesionales, o que existen multitud de enfermedades que implican cuidados, entre ellas las demencias.
- Lo ausente, en la literatura encontramos vacíos, es decir aspectos no estudiados, unas veces, que unas veces se nos sugieren al leer, y otras son los autores mismos los que incitan a buscar respuestas que en algunos casos ellos no han encontrado.
- La lectura crítica, despejando si se ajusta a lo que estamos buscando y / o si los contextos son diferentes.
- Buscamos la evolución histórica de ideas al hilo de nuestras preocupaciones
- Obtenemos información sobre otras estrategias de estudio del asunto que hemos decidido abordar.
- También recogemos el interés de distintos grupos interesados en el tema objeto de estudio.
- Nos permite establecer los conceptos y las categorías que se han utilizado.

De la pregunta inicial, con la revisión bibliográfica, van surgiendo otros interrogantes que van ayudando a perfilar la pregunta central de nuestro estudio.

Nuestra estrategia como etnógrafos se basa como ya hemos mencionado, en el trabajo de campo que hemos de diseñar en dos fases, recomendando una pequeña entrada en el campo inicial, que nos permita visualizar tanto nuestras posiciones, como nuestros prejuicios y nos den un acercamiento a la "realidad" contextual en que nos vamos a mover, amen de permitirnos establecer las primeras relaciones o iniciar la negociación del acceso. También esta entrada permite ajustar esa pregunta que hemos ido formulando de forma flexible, y que continuamos perfilando entre ese ir y venir de la teoría al mundo empírico[63].

En este momento ya hay que tomar decisiones, con respecto a fijar:

- La unidad de observación, que en el caso del ejemplo anterior, podría ser el domicilio del paciente, una residencia,... etc.
- La unidad de análisis, que siguiendo con ejemplo, concretaría las cosas que queremos estudiar, por ejemplo la relación entre el cuidador principal y el familiar enfermo.
- El acceso, implica definir como buscar los permisos para acceder, la aceptación del comité ético, y la decisión sobre nuestro rol en el campo.
- El cronograma, teniendo en cuenta que el mínimo tiempo del que siempre se habla para la estancia en el campo es de seis meses, y que el tiempo de análisis debe ser al menos igual a este, si le añadimos al menos entre tres y seis meses para la redacción del informe, una estrategia interesante es fijarlo en orden inverso, si contamos con dos años, pues partir del final al principio.
- La información a recoger, y una vez decidida aunque el proceso será permanente en el campo, quizás nos debemos proponer tener como Norte la decisión de pocos informantes pero trabajando en profundidad con ellos.
- Los sistemas de registro, que son herramientas que permiten guardar información, incluso ordenada y pre-codificada, y

---

[63] La palabra empírico proviene del griego *empeiria* que significa experiencia.

- Las técnicas a aplicar en la búsqueda de la información que nos interesa: observación participante, entrevistas,... y que hay que diseñar.

El trabajo a realizar implica una serie de procesos, a saber: observar, describir, traducir, explicar e interpretar. Estos procesos no hay que verlos de forma secuencial, sino de una forma más útil y realista, es decir ver esos momentos, como procesos que se superponen, que coinciden en el tiempo.

Existe también lo que podíamos llamar dentro de la Antropología aplicada, y sobre todo la aplicada al campo de la salud, la enfermedad y los sistemas de cuidados, una Antropología por encargo, que utilizan Organizaciones no gubernamentales que trabajan en aspectos de mejora (fomento) de la salud, dirigido a poblaciones específicas generalmente sin recursos. Consiste en la utilización de protocolos que describen los procedimientos para realizar un estudio etnográfico de comunidad, lo cual proporciona técnicas para la investigación social aplicada y facilita así el desarrollo y la puesta en práctica de los programa de estas organizaciones como ejemplo de RAP (Rapid Assessment Procedures) que son en, definitiva, métodos para la investigación social sobre la enfermedad, el desarrollado por el Department of International Health School of Hygiene and Public Health de la Johns Hopkins University en colaboración con el Department of Anthropology, de la University of Connecticut[64].

El protocolo es una herramienta para desarrollar y mejorar la capacidad de una organización de conducir la investigación social aplicada. La primera parte del protocolo se centra alrededor de un período de entrenamiento intensivo en los métodos etnográficos, durante los cuales se establecen los datos

---

[64] Los autores Joel Gittelsohn, PhD, Margaret E. Bentley, PhD, Karabi Bhattacharyya, ScD, Joan L. Jensen, MPH, del Department of International Health School of Hygiene and Public Health, y Pertti J. Pelto, PhD, del Department of Anthropology.

preliminares sobre la salud del grupo al que se dirige el programa. El cuerpo principal del protocolo se centra en una serie de ejercicios de recolección de datos con los cuales generar un cuerpo importante de información en opiniones y prácticas locales. La sección final del protocolo presenta varias maneras de aplicar los datos a los programas y a las actividades futuras de la investigación.

Los resultados del estudio etnográfico se enfocan a:

a. Identificación de los problemas de salud principales de interés para el programa.

b. Recomendaciones para la comunicación apropiada en asuntos de la salud y los mensajes más apropiados de la educación de salud.

c. Seleccionando formas apropiadas de terminología local para los trabajadores del cuidado médico puedan comunicarse con eficacia con la población objetivo.

d. Identificando de los aspectos más urgentes a mejorar en la salud y sugiriendo estrategias localmente apropiadas para ocuparse de estos apremios.

e. Preparando un informe etnográfico que será útil para la difusión de los resultados del estudio.

f. Mejorando los exámenes de los patrones de morbilidad y de la mortalidad, sugiriendo maneras de adaptar preguntas a las opiniones y a las prácticas de la comunidad.

Generalmente se usan para el análisis de las matrices de información, los paquetes de software especializados, como por ejemplo DtSearch y Anthropac.

Cómo abordar el estudio de la antropología de la salud, la enfermedad y de los sistemas de cuidados

Obviamente para dedicarnos al estudio de un campo determinado, a pesar de ser Antropólogos, debemos dotarnos de
una serie de "instrumentos" para ello. Los instrumentos que
sugerimos podrían ser los siguientes:

- En primer lugar y refiriéndonos concretamente a su
  estudio en las sociedades, desarrolladas o no, pero en
  las que se ha impuesto el sistema médico hegemónico,
  debemos conocer el código propio que emplean los especialistas de este sistema; el estudio de la terminología
  médica [65] y enfermera es tan importante como el estudio de una lengua de cualquier pueblo donde vayamos
  a trabajar como antropólogos. Debemos advertir a los
  lectores, que ciertos especialistas, como los enfermeros
  utilizan también una terminología propia, pero como
  subsidiarios de los médicos pueden fácilmente renunciar
  a ella y utilizar sin ningún esfuerzo la médica.

- Hemos de hacer también una mención expresa a los fenómenos de los movimientos poblacionales, ya que en
  lugares como nuestro país (receptores de inmigrantes)
  pueden tener los investigadores que considerar el problema de la traducción cultural.

---

[65] Para una introducción a la terminología médica es recomendable algún libro específico, se aporta uno en la bibliografía, así como un diccionario de terminología médica.

- Sería importante poseer unos conocimientos básicos sobre salud pública, entendiendo por Salud Pública[66] el conjunto de actividades organizadas de la colectividad, dirigidas a la defensa, fomento y restauración de la salud de la población; y unas nociones de Epidemiología social que ayudaran por una parte a la comprensión del contexto y por otra a la comprensión de los procedimientos de investigación y a las aportaciones que los antropólogos, entre otros científicos sociales, hemos hecho al estudio y conocimiento de la etiología de algunos problemas de salud existentes en nuestra sociedad, o en otras más lejanas culturalmente hablando.

- Como siempre que se estudia, investiga o reflexiona, se debe apoyar el antropólogo en una forma de ver la realidad o paradigma, que acotará a su vez, las posibilidades de aprehensión de la misma; él mismo delimitará la forma de abordar el estudio metodológica y técnicamente. Con respecto a los métodos y a las técnicas, debemos señalar que aunque en Antropología la observación par-

---

[66] La Salud Pública como ciencia y arte apenas tiene poco más de un siglo de existencia; una de las definiciones más significativas pero con alguna carencia, hoy solventada es la de Winslow, C. E. que en 1920 se expresaba así "la salud pública es la ciencia y el arte de impedir las enfermedades, prolongar la vida, fomentar la salud y la eficiencia física y mental, mediante el esfuerzo organizado de la comunidad, para: 1) el saneamiento del medio, 2) el control de las enfermedades transmisibles, 3) la educación sanitaria; 4) la organización de los servicios médicos y de enfermería; 5) el desarrollo de los mecanismos sociales que aseguren al individuo y a la comunidad el nivel de vida adecuado para la conservación de su salud" (Piedrola, G.; Del Rey, J. y otros, 1991:13-14).

[67] Tomado este término como generalmente necesario, aunque dependa del tipo y objeto de estudio. El empleo de la observación participante, es el introducirse el antropólogo en el contexto del problema, es servir como catalizador de la información existente: lo observado, lo participado y lo visto; amén de lo que nos cuentan.

ticipante [67] debe ser "siempre" parte de esa batería de herramientas, en este contexto y con estos "partenaires" de la medicina hegemónica debemos ser cautos por su defensa de grupo, y ante dudas o defensa de nuestro proceder en el campo recordar que la observación y la descripción fueron los instrumentos básicos de la medicina antes de que se abandonaran, y que después fueron utilizados por los antropólogos [68].

- Por experiencia propia, les recomendaríamos a los que se adentren en esa selva que son los sistemas de cuidados, que presten una especial atención a: los contactos previos al acceso al campo; a la definición de los roles en el campo; al grado de información sobre el estudio y sus objetivos que se transmite a los informantes, o a las personas con las que se va a trabajar (los otros) ya que con ello pueden evitarse ciertos problemas, como por ejemplo un tipo de resistencia pasiva desesperante para el investigador.

- Aunque como antropólogos de la medicina se nos supone una preparación, y al menos una cierta experiencia investigadora, nos permitimos recomendarles que revisen la bibliografía expuesta al final del libro, que para este campo de estudio y sus objetos, puede ayudarles. Evidentemente dicha bibliografía tiene un sesgo personal que no hemos querido evitar.

---

[68] "Hay que señalar que la observación participante y su resultado (la etnografía) son anteriores a las Ciencias Sociales. La reflexión sobre la realidad social y sus problemas no es ni ha sido patrimonio exclusivo de las Ciencias Sociales. La medicina ha observado, descrito y propuesto soluciones para el mundo social. Unas propuestas, que mucho antes de que existiera la estadística, se realizaban mediante la etnografía: desde la observación y la descripción" (Guasch, O. 1997:27).

"Exacta folertia (ut dixi) omnia hujus morbi fymptomata diu fcrutari contendi: aft cum meditatus mecum fuiffem, certam illorum notitiam nulo ex fonte meliùs, quàm ex ipforum aegrorum relatione, hauriendam effe; coepi, anno 1735 examinare eos, & fcribere omnia, quae mihi opportunè, & importunè, interroganti, refpondebant. Sic itaque." (Cásal, G.; 1988:329)[69].

---

[69] Traducido por Buck, C.; Llopis, A. Nájera, E. y Terris, M. de la siguiente forma: "Como ya he dicho, he procurado por largo tiempo examinar con la mayor diligencia todos los síntomas de esta enfermedad; más pensando para mi que de ninguna parte podía sacar la noticia cierta de aquellos, como de la relación con los mismos enfermos, principié en el año 1735 a examinarles y escribir cuanto contestaban a mis preguntas, oportunas o inoportunas..." (1988:25-27).

Algunos matices de importancia sobre los especialistas, la enfermedad y los sistemas de cuidados

Sobre los especialistas

Los especialistas de las diferentes "medicinas" no son muy competitivos entre sí[70], probablemente debido a la consideración de una de ellas como la oficial, se permita o no otra, lo cual coloca en una situación de desventaja a los no pertenecientes al sistema hegemónico[71].

Dentro de sistema hegemónico también existen asimetrías, por ejemplo entre los médicos y el resto de los profesionales, no solo en roles, sino también en estatus y reconocimiento social del mismo, y ello hace que haya siempre un conflicto larvado muy interesante de observar. También consideramos de interés observar las funciones para las que están legitimados los médicos, por ejemplo el hecho de ser el único especialista que esta facultado socialmente para morir a las personas, y no solamente para definir a alguien como muerto, sino que tiene aún más poder, al estar legitimado, como decíamos, para señalar quien va a morir, como es el caso de los enfermos a los que se denomina terminales o paliativos.

Un aspecto de prestigio para el especialista es la importancia que se le da a la relación con el enfermo (y su enfermedad), y para el enfermo también la relación con el especialista, ello hace que sea reconocida como algo imprescindible y necesario,

---

[70] Las más beligerantes son siempre las asociaciones profesionales, Colegios Médicos Provinciales, o las agrupaciones de colegios, como la Asociación Médica Colegial.

y que forma parte del tratamiento. Curiosamente se convierte en algo tan importante cuando esta relación es solo un momento fugaz de la enfermedad, y la vivencia de la enfermedad, puesto que el día a día, el mes a mes y el año a año solo lo afronta el paciente.

Sobre la enfermedad

Cuando los hombres hablan de enfermedad, malaltía, maladie, disease,... etc., están hablando de una construcción culturalmente establecida, y socialmente aceptada; las enfermedades o la anormalidad al igual que otros constructos, los hemos elaborado con más de un objetivo, entre otros: disponer de un aparato ideológico para controlar socialmente al grupo; también como una forma de alienar a los individuos; o para dar explicación a fenómenos que no parecen tenerla; etcétera.

Es muy interesante tener una visión diacrónica sobre lo que opinaban los grupos humanos sobre las enfermedades; en general las mismas han tenido como primer objetivo explicar las causas, y esto que parece —en esencia— bastante sencillo no lo es, ya que dichas explicaciones debían coincidir con la concepción que se tenía del mundo y de la persona (y que en muchos grupos, ha ido variando a lo largo del tiempo), también con los intereses de las clases dominantes[72] y de los especialistas; tanto es así que a veces el entramado enfermedad/muerte ha apuntalado el resto de las creencias; también se han relacionado causalmente con lo sobrenatural: dioses,

---

[71] Influye también en ello, la persecución que como defensa corporativa han realizado las asociaciones médicas.

[72] Ayudándolas en ese control social, que tiene como objetivo la cohesión del grupo.

vampiros [73, 74], etc.; y con el medio natural, el lugar donde vivían los humanos y sus características climáticas; o con los denominados hoy día estilos de vida, como: las formas de comer, la bebida, el cuidado del cuerpo, etcétera.

Las enfermedades existen, al menos, como construcción cultural, y siempre definidas en armonía con los valores y creencias de la cultura de los hombres que las crearon y definieron; pero para otros, dependiendo de su cultura, las mismas circunstancias pueden "rotularse" de forma diferente, ser asociadas además a diferentes causas, o incluso no ser consideradas siquiera como una enfermedad.

Quizás lo más obvio a lo largo del tiempo y de lo observado sería decir que las enfermedades, desde un punto de vista social, son estadios o situaciones que tienen como característica común que la persona es incapaz de cumplir con todos sus roles sociales o, cuando menos, estos se encuentran sensiblemente afectados.

Pero no es la única forma de ver la enfermedad, lo que los "especialistas" en la enfermedad, en la muerte y en la mediación con los poderes sobrenaturales llaman la "enfermedad", puede ser conceptualizada según la medicina occidental como " un trastorno de causa específica y con síntomas y signos reconocibles" o también como " cualquier anormalidad corporal o fallo del funcionamiento normal"; lo que sí se da en casi todos los intentos explicativos es dejar claro que estas *son causadas por algo* (lo que denominan etiología), las explicaciones pueden ser diversas pero en general mantienen que la causa es externa.

---

[73] La causa de la enfermedad depende, hemos dicho ya, de lo que se piensa sobre el mundo, así por ejemplo en Mesopotamia, todo aquel complejo mundo de espíritus, vampiros, ... que atacaban al hombre produciéndole enfermedades y cuyo sufrimiento inflingían también después de la muerte; o la tradición judía, que asignaba la etiología de las mismas a un castigo divino, etc.

[74] Sendrail, M. 1983:36-56

De las enfermedades debemos conocer los aspectos que se consideran básicos en la medicina occidental: el hecho de que se *diferencian o clasifican* ora por las causas (diferencias que también se establecen en las medicinas primitivas como las enfermedades de los gusanos entre los Evuzok [75]), ora por sus características, como el ser visibles, no visibles, o bien por los lugares sobre los que actúan: dermatológicas, oftálmicas, etc.; saber como *cursan o evolucionan*, si la persona que la padece va a sentir dolor, o un aumento de la temperatura ... y si comporta algún tipo de riesgo, y cuál es; conocer cual es el *pronóstico*, es decir qué va a pasar con el individuo que la padece; cual o cuales son los *tratamientos existentes*, la forma de tratarla si se puede, para curar o paliar; y como antropólogos creemos que falta, *la relación de los especialistas con el enfermo*, como debe ser formulada, y *la relación del enfermo con la enfermedad* y la construcción de esta por parte del mismo.

Pero detengámonos un momento en la llamada etiología, eso que se llama *causa*, obviamente las causas dependen del tipo de enfermedad, pero nos permitiríamos recordar a los lectores algo muy básico que no hay una sola causa, sino varias, siempre.

La diferenciación o *clasificación de las enfermedades* nos habla mucho de la cultura del grupo, en tanto en cuanto las formas de clasificación y los términos que se emplean, describen en parte la formas de pensar del grupo, de construir, en definitiva, la realidad.

El cómo evolucionan, si lo relacionamos con las denominadas historias naturales de las enfermedades, que es simplemente la evolución que tendría una enfermedad si no se actuara sobre ella, podemos establecer tres opciones: que evolucione y sane el individuo, o bien que se cronifique el proceso, o la más insatisfactoria, que es el hecho de que venza la enfermedad y el sujeto muera.

---

[75] Mallart, LL., 1992:144-146

En cuanto al *tratamiento*, este puede ser de diferentes tipos, aunque en muchas enfermedades se hacen tratamientos combinados; los hay de tipo: farmacológico, con la ingesta de productos sintéticos; dietético, mediante una alteración de los hábitos nutricionales en cantidad y/o cualidad; quirúrgico, mediante una actuación cruenta sobre la anatomía del paciente; higiénico, con respecto a los hábitos de cuidado personal; ceremonial, con actuaciones como la imposición de manos y la participación de la comunidad; etcétera.

La relación que se establece entre los especialistas y el enfermo, y como debe ser formulada parece ser algo bien complejo, de hecho no nos ponemos de acuerdo sobre ella; si bien es cierto con carácter general que acostumbra a ser un motivo de desencanto entre los clientes, y dado que la relación puede ser terapéutica según se formule, no se debería rechazar la posibilidad de aportarla al tratamiento.

La relación del enfermo con la enfermedad y la construcción de ésta por parte del mismo, es un aspecto que no parecen aprender los profesionales que están para apoyar las decisiones que con respecto a su enfermedad y a su vida adopten los enfermos. El enfermo es un ser humano que necesita tiempo para construir esa imagen de la enfermedad y de él con respecto a ella, y generalmente se le impone una imagen estereotipada, inventada, propuesta y como digo impuesta por los profesionales de la enfermedad al paciente.

Sobre los sistemas de cuidados

La consideración de un solo sistema de cuidados en cada país, es una construcción falaz, no porque no sea cierta, sino por la mala utilización del concepto sistema.

Los denominados "sistemas de salud "son parte de un sistema social[76], es decir son unos subsistemas del sistema social, que comprenden:

- Elementos propios, entre ellos las agencias de cuidados legitimadas socialmente, las no legitimadas pero toleradas y las no legitimadas y perseguidas; farmacias, los especialistas... etc.
- Elementos compartidos con otros subsistemas, como los lugares de formación de los especialistas legitimados (facultades, escuelas,... pertenecientes al subsistema educativo); empresas farmacéuticas (sector industrial), etcétera.

Es interesante el análisis de las agencias de cuidados que realiza el Dr. Giobellina, cuando nos habla que las antiguas agencias de cuidados legitimadas socialmente y religiosamente, como eran entre otras la Iglesia Católica, ya no se dedican a la sanación, excepto de culpas, pecados,... y en otra época curaban enfermedades, quizás por su procedencia judaica, y la consideración de la enfermedad como castigo divino.

---

[76] Si la sociedad es un conjunto el sistema sanitario es un subconjunto, el educativo otro y algunos elementos son comunes a más de un subconjunto o subsistema.

Nos dice también, este autor, que el vacío creado por el alejamiento de estas actividades de las Iglesias ha permitido introducirse en los intersticios que han quedado a otras iglesias como la evangélica, que realizan imposiciones de manos,... y rituales en general de curación.

De tal forma que tenemos agencias de cuidados legitimadas de la medicina occidental, que están aceptando y asimilando otro tipo de técnicas y filosofías de tratamiento como la acupuntura, agencias como las grandes religiones que han abandonado casi totalmente su labor curativa, y otras agencias que están tomando sus espacios, aunque no estén legitimadas socialmente.

Psiquiatría transcultural

Si existe alguna relación clara entre la psiquiatría y la antropología se debe a su objeto y sujeto de investigación, respectivamente: el hombre visto como el otro, y el análisis de la alteridad, la diferencia por otro, que es el siempre inquietante porque nos lleva raudo al análisis de nosotros mismos: "la historia de la psiquiatría no puede entenderse al margen de ese constructo cultural y a la vez leit motiv de su práctica, que es la condición de alteridad. La historia del antropología tampoco. A pesar de las diferencias que se desprenden de sus objetivos de estudio en la actualidad –la alteridad psíquica en un caso y la diferencia cultural en el otro–, ambas disciplinas se caracterizan por ser, en su origen, un discurso sobre el otro, sobre la alteridad, sobre la diferencia y, de forma menos confesable, sobre el «nosotros», pues los ningún secreto que la propia existencia del alteridad interroga y apelar a las razones y fundamentos de la identidad personal y cultural. De hecho esta ligazón a la condición de alteridad atraviesa la historia de ambas disciplinas... " (Martínez, A.; Orobitg, G., y otros; 2000: 117).

Quizá para buscar un inicio de esta relación deberíamos buscarla en el psicoanálisis una teoría que abarcó aspectos de las ciencias naturales y las llamadas ciencias del espíritu, buscando las explicaciones causales y la comprensión del proceso, para ello quizá una frase que Martínez y colaboradores (2000: 132) aportan de Habermas (1989: 228-229) sea clarificadora:

"... que ha definido el psicoanálisis como aquella nueva ciencia que une la hermenéutica a realizaciones que parecían genuinamente reservadas a las ciencias de la naturaleza, como aquel conocimiento que tampoco puede ser aprehendido como una mera interpretación de sentido, como una medida traducción idiomática del significado, sino más bien como un proceso por el cual el analista instruye al paciente para que aprendan a leer «sus propios lenguajes». La idea de una orientación hermenéutica de corte filológico queda sin modificar con la introducción de la autorreflexión como uno de los objetivos últimos del acto de la comprensión".

La influencia de la teoría psicoanalítica se puede observar no solamente en el movimiento denominado "cultura y personalidad" y en la denominada "antropología psicoanalítica clásica" si no en antropólogos del nivel de Malinowski, quien rebate postulados de la misma:

"... por un lado, el antropólogo polaco realiza una matización a la presunción de la universalidad del Edipo y postula la existencia en sociedades como la trobiandesa de un 'complejo matrilineal' diferenciado, pues observa que en el sistema de parentesco trobiandes el papel de autoridad es el del hermano de la madre y no del padre y las tendencias sexuales son hacia la hermana y no hacia la madre. Dicho en otros términos, la crítica de Malinowski se basa en la evidencia empírica de que los grupos humanos establecen formas distintas de organización familiar y de socialización infantil que afectan a la estructura y el contenido de las configuraciones psíquicas individuales (Malinowski, [1927] 1983) (...) la escuela de cultura y personalidad se articula en torno a una problemática que ya había interesado Boas: la relación entre individuo y cultura. Por ello no es extraño esos representantes más destacados (Ruth Benedict, Margaret Mead, Ralph Linton, Esteva Fabregat, Gorer, Whiting, Child), hagan uso de paradigmas psicológicos como el psicoanálisis, pero también del conductismo y de las teorías de la Gestalt (Martínez, A. y cols.; 2000: 144).

Si realizamos un salto en el tiempo podemos hablar sobre la epidemiología psiquiátrica o sociología psiquiátrica con sus primeros estudios entre los que podemos destacar los de Masaryk y Durkheim, ambos sobre el suicidio y ambos a finales del siglo XIX. Aunque hay que esperar a los años 40 para que se introduzca una importante noción, la de rol de paciente; y a autores como Fábrega, o los desarrollos teóricos de Menéndez entre otros, para que sea posible una epidemiología sociocultural en el siglo veinte:

> "aunque hemos afirmado que en Europa la sociología o antropología profesionales siguen en el siglo veinte un camino independiente de la biomedicina, también hemos afirmado que la medicina europea mantiene discursos antropológicos subalternos..." (Martínez, A. y cols.; 2000: 169).

> "El desarrollo de un espacio de colaboración interdisciplinario entre las ciencias sociales y la psiquiatría (pero muy especialmente del antropología), ha girado en torno a tres ámbitos de trabajo conjunto: la evaluación de los dispositivos asistenciales; las correlaciones causales entre variables sociales y culturales y los trastornos psicopedagógicos; y un amplio espacio de discusión conceptual y teórica incorporada a la discusión de algunas grandes escuelas o tendencias en psiquiatría. Nos atrevemos a afirmar que en el viejo debate entre la psiquiatría clínica y el psicoanálisis estos serán sustituidos por el debate entre la primera y lo que hoy llamamos psiquiatría cultural o transcultural.
> Hasta esas relaciones es aún hoy una tarea imposible, puesto que como pone en contacto a psiquiatras, psicólogos, psicoanalistas, sociólogos, antropólogos e historiadores sociales, parte de esta producción (...) sus resultados han quedado notablemente al margen de la antropología o de la sociología académicas o de la psiquiatría hegemónica,..." (Martínez, A. y cols; 2000: 182).

El desarrollo de la psiquiatría transcultural en nuestro país, ha estado subsumido dentro de un proceso más globalizador, el desarrollo de la antropología médica que ha tenido en la

universitat Rovira i Virgili, uno de los focos de implemen-
tación de esta antropología aplicada al campo de la salud, la
enfermedad, y los sistemas de cuidados, y otro foco en Gali-
cia donde tenemos destacar a los psiquiatras y antropólogos
gallegos Marcial Gondar y Emilio González que llevan unos
20 años trabajando en la psiquiatría cultural. Por lo tanto la
aportación de nuestro país es pobre comparada con la de otros
como los Estados Unidos de América donde el desarrollo se
produce anteriormente a los años 80, que es cuando se desarrolla con un cierto vigor en España, entre las causas de este
escaso desarrollo podemos destacar:

> "la ausencia de ciencias sociales en la mayor parte de facul-
> tades de medicina no contribuyen nada al conocimiento de
> estos campos por parte de los médicos que se mueven en el
> terreno de la atención primaria instrumental, y en general de
> los trabajadores de este sector." (Kleinman, A.; Kleinman,
> J.; 2000: 9).

Es interesante desde mi perspectiva constructivista, la aportación de los esposos Kleinman, así ellos hablan de la frontera
entre los problemas sociales y los problemas médicos, es una
frontera difusa a veces es decir difícilmente definible, de hecho
muchos problemas sociales llegan a las consultas de diferentes
tipos de especialistas sanitarios debido al "buen pensar" de las
personas que deciden que son estos especialistas los que pueden abordar aquello que les aqueja, a modo de ejemplo unas
palabras del Arthur y Joan Kleinman:

> "el ámbito de la salud es algo ofrece un número relevante de
> ejemplos de problemas de salud, como el abuso de drogas,
> el sida, las enfermedades de transmisión sexual, la tubercu-
> losis, las enfermedades coronarias o la depresión que tienen
> importantes causas y consecuencias sociales. La violencia es
> considerado habitualmente como problema social; tiene se-
> rias consecuencias para la salud, y ciertas formas de violen-
> cia pueden incluso tener sus orígenes en problemas de salud,

como el consumo de drogas, los traumatismos craneales y las psicosis. ¿Debería ser la violencia considerada como un problema de salud? No hay, obviamente, en un sentido estricto, una respuesta acertada o errónea. La violencia puede ser considerada como un problema de salud o como un problema social. La historia de cómo está violencia ha sido definida y categorizada es la historia de las instituciones sociales. El sistema legal, las agencias de investigación de la salud, las clínicas de salud mental, los departamentos de policía, las agencias de bienestar social, los centros de política social y los institutos de investigación social han organizado la violencia burocráticamente como discretos nidos de problemas para los que se han concebido estrategias burocráticas específicas de gestión. Estas estrategias de castigo, rehabilitación, 'modificación del comportamiento' y otros medios institucionales de afrontar la adversidad buscan controlar la violencia de diferentes maneras..." (2000: 14).

Que decir sobre como abordar el estudio de factores como: la violencia tanto la intradoméstica como la que se vive grupalmente, o la alcoholización que es un proceso social diferente del alcoholismo, que es una dependencia individual del alcohol, o del hambre, que es la mayor causa de mortalidad en el mundo:

"... la relación entre la pobreza y la salud. Toda sociedad muestra un grado más alto o más bajo de salud, un índice que está correlacionado directa y fuertemente con la riqueza y la pobreza. El 20% de la población mundial es extremadamente pobre y sufre mayores tasas de mortalidad y enfermedad precoz. El Estudio sobre la salud mundial (1995) de la organización mundial de la salud, declara, sin calificaciones, que la pobreza es la mayor causa de muerte y mutilación de los pueblos de todo el mundo..." (Kleinman, A.; Kleinman, J.; 2000: 16).

Sin duda existe un abordaje social de éstos problemas, que no resuelve con la categorización, control, penalización,... y que deja claramente cercano a los profesionales sanitarios los problemas y sus causas; el problema para los especialistas, y por ende los sistemas de cuidados es que no tienen un paradigma desde el que hacer frente a éstos problemas, simplemente por el hecho de que han sido clasificados en otra área por la sociedad, así:

> "... en ningún ámbito de la biomedicina existe un paradigma efectivo para afrontar éstos problemas fundamentales de salud. Es como si la biomedicina no podía hacer nada para acabar con este problema porque la pobreza está restringida a un ámbito diferente. Esto ya fue tratado por George Canguilhem (1989), gran filósofo de la medicina francés, cuando comentó que debemos entender como las normas son aplicadas al espacio del cuerpo físico en forma de criterios de normalidad y como este proceso resulta invisible para el enfoque biomédico. Es ésa razón por la que ese enfoque biomédico debe ser criticado como inadecuado y distorsionador." (Kleinman, A.; Kleinman, J.; 2000: 16).

Si tomamos el concepto de Margaret Lock y cols. de sufrimiento social, como una categoría que abarca el campo de la salud, la enfermedad y los sistemas de cuidados, así como los "problemas" sociales que como decimos forman frontera con aquel, entendiendo que diferentes aspectos sociales están obviamente interconectados: política, salubridad, ética,... etc.; podemos decir que ante la adversidad sea del tipo que sea aunque se mezclen universo social y el corporal, al ser experiencias colectivas y culturales podrían ser abordadas desde una perspectiva híbrida como la sociosomática o como la antropología médica, la etnosiquiatría, u otras:

> "Allí apuntamos que, a nuestro juicio, algo ganamos cuando conceptualizamos una categoría que abarca totalmente la salud y el sufrimiento social en la cual la moral, la política y la medicina son entendidas como realidades interconectadas. Esta categoría remoralizante incluye una variedad de formas de adversidad humana que están actualmente separadas: enfermedades, discapacidades por supuesto, pero también, la pobreza, la falta de poder, el abuso de sustancias, la violencia, los desplazamientos, y otros efectos dramáticos de las condiciones y las ins-

tituciones sociales, incluidos aquellos promovidos por políticas y programas..." (Kleinman, A.; Kleinman, J.; 2000: 17).

Obviamente cuando hablamos desde una macro-perspectiva esto no parece tener ser visos de solución, sin embargo los antropólogos que trabajamos gracias al nivel de realidad cotidiana, que podemos llamar también de realidad local, tenemos en este mundo local todos los mimbres necesarios para poder trabajar la salud social; por lo tanto lo que establecemos es un foco cuyo objeto de observación (investigación) está: en la comunidad en la que vivimos o barrio, en nuestra familia o núcleo de convivencia, en las redes que conformamos con otros individuos,...; en este nivel se dan los efectos de la política a gran escala y se produce la política pequeña escala basada en relaciones interpersonales; culturalmente se producen las identidades, funcionan los estatutos y roles, y por tanto es en esa vida diaria en el espacio local, donde funciona la cultura, nuestra información básica de comportamiento social, y quizás por todo ello, por la presencia e interacción (con los especialistas de la salud también) la zona ideal para el compromiso de éstos con la salud social, compromiso que quiere decir tanto observacional (investigador) como de intervención:

> "posiblemente, la clave de la innovación metodológica que promueven el estudio de sufrimiento social y la sociosomática, sea hacer del mundo local el objeto de la investigación –los pueblos, los barrios, las redes sociales, la familia y el lugar de trabajo–, donde la gente participa en la experiencia de cada día. El mundo local es innatamente político en tanto en cuanto responde a las presiones políticas de gran escala y a los cambios económicos, y está constituido por la micro-política de las interacciones interpersonales. Es también, inherentemente moral, porque hay ciertas cosas que importan mucho a aquellos que están incluidos por negociaciones y contestaciones micro-políticas, como el poder, la posición, el orden social, la supervivencia (Kleinman y Kleinman, 1991)." (Kleinman, A.; Kleinman, J.; 2000: 17-18)

Enfermería transcultural

Cada día oímos hablar más de transculturalidad, términos como el ya mencionado de Psiquiatría transcultural o de Enfermería transcultural, nos son cada día más comunes.

En el fondo de la cuestión está el tipo de vida que llevamos, con los grandes movimientos migratorios sur-norte, desde zonas subdesarrolladas hacia zonas desarrolladas buscando una vida más digna, o entre países en desarrollo buscando un perfil de éxito que a veces solo es una ilusión, sea como sea somos unas sociedades que gracias a los avances tecnológicos viajamos, por diversas circunstancias.

Estos movimientos producen la residencia común y el contacto entre personas de diversas culturas y por lo tanto de diferentes formas de observar, pensar, entender y curar la enfermedad. Todo ello nos lleva a tener que reflexionar para evitar el choque o incomprensión de los "otros", y reflexionar para fabricar unos profesionales respetuosos con esas formas de pensar diferentes, con esos valores diferentes y en eso creemos que la Antropología ha ayudado, por la superación de sus propios errores, al estimular la traducción cultural y los planteamientos transculturales, en definitiva, evitando el etnocentrismo propio de los países desarrollados.

Centrando el tema, diremos que España que –no olvidemos– es la puerta sur de la Comunidad Europea, por lo tanto la entrada a un "mundo fabuloso como el mítico el Dorado" (Miret, M. T.; Bernalte, A. y otros; 2002:29), y a pocos kilómetros de países donde se agolpan oleadas de migrantes procedentes de países castigados por la pobreza, las guerras y las hambrunas y en este sentido es importante mencionar la capacidad reproductiva de los países árabes del norte de África, con más de 60 millones de mujeres en edad reproductiva y con una patrón reproductivo de más de tres niños por mujer, y las hambrunas subsaharianas que desde hace tantos años se padecen, entre otras cosas, no presagian el cese de los movimientos hacia nuestro país.

Llegados al mismo, aunque muchos contingentes siguen hacia los tradicionales países de acogida, Francia y Alemania, se estabilizan algunos en nuestro país, que se ha convertido con otro país mediterráneo (Italia) en una zona no solo de paso sino ahora si de asentamiento. De hecho no nos son extraños los ritmos africanos en actuaciones improvisadas en las grandes ciudades, el verlos trabajar en invernaderos en Almería y Murcia, tampoco las primeras reacciones en los colegios ante las jovencitas con el pañuelo en la cabeza, o algunas reacciones xenófobas, por ahora puntuales.

Nosotros no creemos que el apoyo que se necesita para desbrindar los problemas producidos por la multiculturalidad deban ir solo hacia los otros; para nosotros hay que retomar nuestra educación pobre –y diríamos tristemente pobre– en cuanto a la formación intelectual y cultural (con mayúsculas); hay que mejorar nuestro sistema educativo, que no está concebido solo para que los profesores cobren un sueldo y ello debe ser entendido y compartido, ni la deserción de los padres de sus obligaciones en la educación de sus hijos; y se debe dar una respuesta socio-sanitaria a los déficits existentes.

Centrándonos en la *Enfermería transcultural* diremos que Cultura y cuidado están íntimamente relacionados, desde siempre sabemos, ya en los homínidos, que son y han sido las crías de mamíferos que más tiempo son cuidados por sus madres, padres y grupo, dado que son los más indefensos; también por nuestros fósiles sabemos que supervivían en estos grupos (bandas de forrajeros, por ejemplo) individuos que sin un cuidado especial habrían muerto.

Parece ser que en esa información externa que se transmite dentro de los grupos de una generación a otra, el cuidar ha sido un valor transmitido por generaciones; en principio una labor adscrita al género femenino como una imposición no remunerada dentro del grupo (familia); después como una labor profesional y científica.

El cuidar lo podemos definir como la esencia y acto diferenciador de la enfermería que ayuda a las personas mantener la máxima autonomía con respecto a las necesidades que afectan a la salud o bienestar, y ante la imposibilidad, ayuda a afrontar la muerte.

La anastomosis cultura/cuidado, fue la que dio lugar a la corriente de la enfermería llamada transcultural; en ella lo significativo, es que han sido incorporados en el cuidar, las creencias, valores y prácticas deseadas de los seres humanos y que son diferenciadores interculturales.

Como fundadora de esta corriente, **Madeleine Leininger**[77] define la Enfermería transcultural (ETC) como el área formal

---

[77] Madeleine Leininger, la fundadora de la Enfermería Transcultural, nació en el Estado de Nebraska (Sutton), se diplomó en la Escuela de Enfermería de St Anthony, en Denver., y fue la primera enfermera profesional, con preparación universitaria en enfermería, obteniendo un Doctorado en Antropología Cultural y Social.En 1.950 obtuvo el título de B.S. en Ciencias Biológica por el Benedictine College, Atchison, Kansas, y realizó estudios complementarios de Filosofía y Humanismo. Trabajo como instructora, enfermera de plantilla y enfermera jefe en la unidad médico-quirúrgica y abrió una nueva unidad de Psiquiatría como directora de servicio de enfermería del St Joseph Hospital en Omaha. desarrollando a la vez estudios de administración y el diseño de planes de estudio de enfermería. En 1.954 obtuvo un M.S.N. en Enfermería Psiquiátrica por la Universidad Católica de América en Washington, D. C., y pone en marcha el primer programa de especialidad clínica (M. S. N) en enfermería psiquiátrica infantil del mundo. De sus textos, en Enfermería psiquiátrica, destacar junto a C Hofling, el titulado "Basic Psychiatric Nursing Concepts" (1960), que ha sido editado en 11 lenguas y se utiliza en todo el mundo. Entre los años 1950 y 1960 señaló la existencia de varias áreas comunes de conocimiento y de interés científico-teórico entre la enfermería y la antropología, "Nursing and Anthropology: Two Worlds to Blend", fue su primer libro publicado sobre

de estudio y trabajo centrada en el cuidado basado en la cultura, creencias de salud o enfermedad, valores y prácticas de las personas, para ayudarlas a mantener o recuperar su salud, y hacer frente a sus discapacidades o a su muerte:

> "...la enfermería transcultural como un área principal de la enfermería que se centra en el estudio comparativo y en el análisis de las diferentes culturas y subculturas del mundo con respecto a los valores sobre los cuidados, la expresión y las creencias de la salud y la enfermedad, y el modelo de conducta, cuyo propósito consiste en concebir un saber científico y humanístico que proporcione una práctica de cuidados enfermeros específicos para una cultura y/o una práctica de cuidados enfermeros universales de la cultura (Leininger, M.: 1991, 1995).

Todas las personas necesitan –sobre todo en la enfermedad– que se entiendan y respeten sus valores culturales y creencias y que les ayuden de una manera significativa y apropiada.

A nuestro entender el objetivo de la ETC, en definitiva, es proporcionar cuidados que respeten en la medida de lo posible

Enfermería transcultural, que sentó las bases del desarrollo de este campo del conocimiento, de su propia teoría y de la asistencia sanitaria basada en las diferencias culturales; "Transcultural Nursing: Concepts, Theories, Research, and Practice" (1978), definió los principales conceptos, nociones teóricas y procedimientos prácticos de la enfermería transcultural. Trabajo como directora del primer programa científico de enfermería (Ph. D) de los Estados Unidos. Fundó el Committee on Nursing and Anthropology en 1.968, en coordinación con la American Anthropological Association. Profesora de enfermería y profesora adjunta de Antropología en la Universidad de Salt Lake City; fue decana y profesora de enfermería y conferencista en Antropología por la Universidad de Washington (Seattle.) ; y en la Universidad Estatal de Wayne, en Detroit, profesora de enfermería y profesora adjunta de Antropología. En 1.974 fundó la Organización denominada National Transcultural Nursing Society de la que ha sido una activa dirigente desde sus inicios. Fundó la National Research Care Conference en 1978. Fundó el Journal of Transcultural Nursing (1989), del que fue editora.

la forma de abordar la salud en la cultura del sujeto; si esto se realiza, las personas que cuidemos no experimentarán situaciones negativas como la imposición cultural o el etnocentrismo[78], [79] (la aculturación).

Ambos conceptos suelen llevar a choques, daños y conflictos culturales entre clientes y enfermeras; por tanto los cuidadores profesionales deben aportar el respeto reclamado, hacia todos los colectivos, y comprender que es imposible respetar sin conocer.

Resumiendo, hay que pensar que la formación en Antropología y especialmente en Antropología de la salud, ayudará al conocimiento de la diversidad cultural, que es determinante para mejorar las prácticas de los profesionales.

La Teoría de la diversidad y universalidad de los cuidados culturales de Leininger procede de la Antropología y de la Enfermería, para ella la enfermería transcultural es una área de la enfermería, que se centra en el estudio y el análisis comparado de las diferentes culturas y subculturas del mundo, desde el punto de vista de sus valores, creencias y prácticas sobre la salud y la enfermedad.

El abordaje transcultural implica una actuación de cuidados diferente, que se define y se fundamenta en las particularidades de las culturas, y que es diseñado específicamente para orientar los cuidados de la enfermería a los individuos, las familias, los grupos y las instituciones.

---

[78] Etnocentrismo e imposición cultural son conceptos de extremada importancia que todos los profesionales de la salud deberían entender, como lo han hecho los antropólogos, aunque les costara más de un siglo.
El etnocentrismo se refiere a la creencia de que la cultura propia esta por encima de las demás (los propios valores, creencias y maneras de conocer y hacer son las mejores, o superiores a otras). Los problemas se presentan cuando estas creencias son muy fuertes y controlan de manera no deseable a otros que son culturalmente diferentes

[79] Imposición cultural, refiere a la tendencia de imponer la propia cultura (valores, creencias y prácticas) a otra persona o grupo, limitando su libertad produciéndoles un daño (aculturación) irremediable.

Establece la diferencia entre enfermería transcultural e intercultural, así:

"en donde la primera se refiere a los profesionales de enfermería preparados y comprometidos en adquirir un conocimiento y un método práctico de actuación de la enfermería transcultural, la enfermería intercultural la integran los profesionales que utilizan los conceptos antropológicos médicos o aplicados, sin comprometerse en el desarrollo de teorías o prácticas basadas en la investigación, dentro del campo de la enfermería transcultural, otra diferencia es que la enfermería transcultural utiliza una base teórica y práctica comparadas entre varias culturas, mientras que la intercultural es la que aplican los profesionales que trabajan con dos culturas" (Jiménez, B. y otros; 2003).

Su teoría nos dice que la cultura determina los patrones y estilos de vida que determinan las decisiones de las personas. Permite a los enfermeros descubrir y documentar el mundo del paciente y utiliza los valores, creencias y prácticas de nuestros otros (émicos, por tanto), para ayudarnos a adoptar acciones y decisiones profesionales coherentes con esos modos culturales.

Los cuidados culturales conforman la teoría integral de enfermería más amplia que existe, ya que tiene en cuenta la totalidad y la perspectiva holística de la vida humana y la existencia a lo largo del tiempo, incluyendo factores culturales y sociales, la visión del mundo, la historia y los valores culturales, el contexto ambiental, las expresiones del lenguaje y los modelos populares (genéricos) y profesionales.

Leininger sostiene una serie de aspectos, a saber:

- Los cuidados son la esencia de la enfermería y su rasgo distintivo.
- Los cuidados son un dominio complejo, engañoso y, afectado por la estructura social y la cultura.

- La aplicación de métodos etnológicos cualitativos, en especial la etnoenfermería, para estudiar los cuidados

En la década de los 60, Leininger desarrolló métodos de etno-enfermería[80], [81] concebidos para estudiar de forma específica y sistemática los fenómenos de enfermería transcultural.

---

[80] Coincide en una época de crisis de la Sociología donde se produce una corriente la Etnometodología es una corriente de la sociología americana, fundada por Garfinkel, nacida en los años 60, y que desde los campus de California, rápidamente se expandió por las universidades americanas y europeas: inglesas y alemanas principalmente. La Etnometodología abre el paso al enfoque cualitativo del mundo social, superando a la tendencia cuantificadora existente (más importancia al aspecto comprensivo que al explicativo).

La búsqueda etnometodológica está organizada en torno a la idea proveniente de Alfred Schutz, de que todos "somos sociólogos en estado práctico", así pues lo real ya está descrito por la gente, y por lo tanto el lenguaje de la cotidianeidad expresa la realidad social, la describe y construye a un mismo tiempo.

Según cuenta el propio Garfinkel el azar le ayudó a establecer el nombre mientras leía documentos etnográficos: "trabajaba en el fichero de las áreas transculturales de Yale y hojeé, por casualidad, el catálogo sin intención de encontrar la palabra. Recorrí los títulos y llegué a la sección de etnobotánica, etnofisiología y etnofísica. Yo tenía que habérmelas con un jurado que ponía en práctica una metodología… pero ¿cómo llamar a eso, aunque sólo fuera para acordarme de lo sustancial?

Así fue como la palabra Etnometodología fue utilizada en principio. Etno sugería de una manera u otra que un miembro dispone del saber de «cualquier cosa». Si se trataba de Etnobotánica, de una manera u otra se trataba del conocimiento y la comprensión que los miembros tienen de lo que, para ellos constituyen los métodos adecuados para tratar los aspectos botánicos. Es así de simple, y la noción de Etnometodología o el término de Etnometodología eran tomados en ese sentido".

[81] Así pues la etnoenfermería se centra en el estudio y la clasificación sistemática de las creencias, valores y prácticas que se aplican en la asistencia de enfermería, según los conocimientos cognitivos o subjetivos que tiene de ellos una cultura determinada (o su representante), a través de las manisfestaciones émicas locales de las personas, expresadas por el lenguaje, las experiencias, las convicciones y el sistema de valores, sobre fenómenos de enfermería reales o potenciales, como pueda ser la asistencia, la salud y los factores ambientales.

Quizás una de las pretensiones más importantes de esta teoría es ser capaz de documentar, conocer, predecir y explicar de forma sistemática, a partir de los datos de campo, qué es lo diverso y qué lo universal acerca de la asistencia genérica y profesional de las culturas en estudio, dentro del marco formado por los componentes del llamado modelo sol naciente, y así su finalidad consiste en descubrir los puntos de vista émicos, personales o culturales, relativos a los cuidados, tal como se entienden y se aplican, y emplear estos conocimientos como base de las prácticas asistenciales.

La meta de la teoría es suministrar unos cuidados responsables y coherentes culturalmente, que se ajusten de modo razonable a las necesidades, valores, creencias y prácticas de los pacientes.

Leininguer también define qué es una enfermera transcultural y la enfermera transcultural especialista, y lo hace de la siguiente forma:

> "...una enfermera diplomada, que es capaz de aplicar conceptos generales, principios y prácticas de la enfermería transcultural creados por las enfermeras transculturales especialistas. La enfermera transcultural especialista con formación universitaria recibe una preparación profunda y una tutoría en los conocimientos y la práctica de la enfermería transcultural".

> "Esta especialista ha estudiado varias culturas, previamente seleccionadas, en profundidad (valores, creencias, estilos de vida) y posee muchos conocimientos, además de gozar de una buena base teórica sobre los cuidados, la salud y los factores del entorno, que tienen que ver con las perspectivas de la enfermería transcultural" (Leininguer, M.; 1984:272).

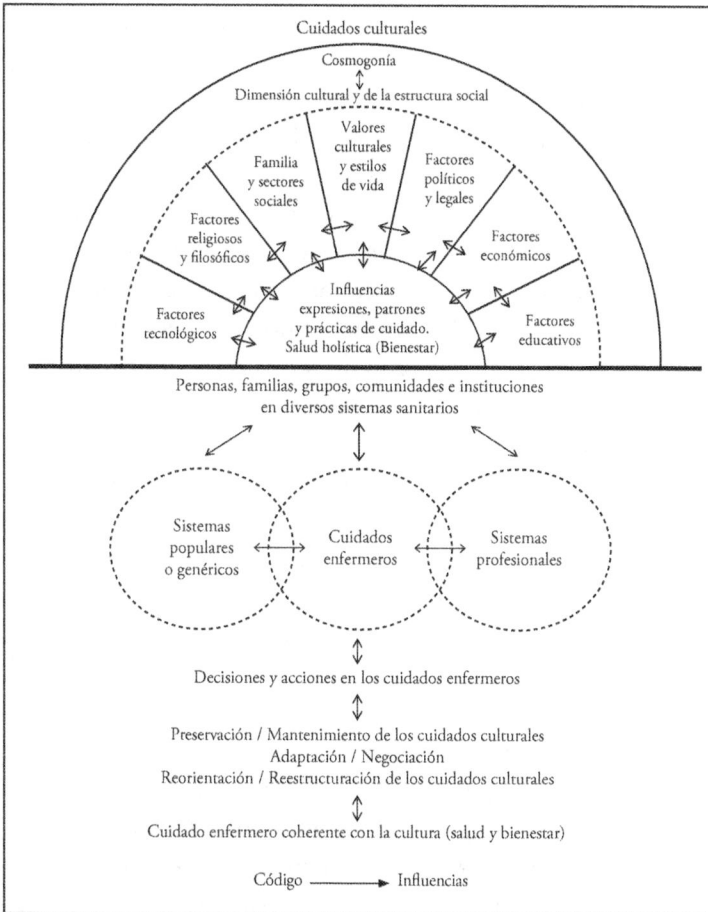

Figura 1. Modelo del sol naciente de Leininger
(Teoría de la diversidad y de la universalidad de los cuidados culturales)

El modelo de creencias de salud de Rachel Spector se define como modelo de Enfermería transcultural, y los conceptos básicos del mismo los podemos resumir como sigue:

- La concepción del hombre en tres planos unidos, a saber: cuerpo, mente y espíritu, concepto este ultimo algo difuso pero de gran importancia.

- La consideración de que existe una sola medicina totalmente legitimada (científica) que es la medicina biologicista occidental.

- El concepto de cultura utilizado presenta la misma como
una información extrínseca necesaria o indispensable para el animal humano considerado como animal social, y
que además es transmitida de generación en generación
alterada en parte por fenómenos como la innovación, la
difusión y la aculturación; la cultura es solo consciente en
parte, es un mecanismo de "creación y limitación de las
elecciones personales humanas" (Spector, R.; 2002:6), y
que conforma una red relacionada de símbolos.

- La existencia actual de una serie de movimientos migratorios, por ejemplo diarios: desplazamientos a trabajar,
desplazamientos para ir a comprar, desplazamientos de
ocio, o fenómenos mas duraderos como la migración por
motivos económicos, hambrunas y guerras, estos últimos
implican para el personal de enfermería interaccionar con
pacientes/familia/grupos con culturas diferentes que implican valores, creencias, y practicas de salud diferentes a
las nuestras, y podríamos añadir con unas cosmogonías
(formas de ver y entender el mundo) diferentes.

- La socialización entendida como un "proceso de crecimien-
to dentro de una cultura y adquisición de las características
del grupo. La educación –desde la básica hasta la universitaria– incluyendo la enfermería es una forma de socialización
(ese proceso de adquisición de la cultura del grupo es lo que
los antropólogos denominamos enculturación).

- Culturización, es el proceso por el cual un individuo de una
cultura no dominante, es obligado a aprender la nueva cultura, lo cual comporta una perdida de la propia (aculturación).

- La culturización se puede observar como una asimilación, que es el proceso de creación de una identidad cultural nueva, como dice la autora:

"se supone que una persona de un determinado grupo cultural pierde su identidad cultural... esto puede causar estrés y ansiedad" (La Frombose et al.; 1993:395). La asimilación puede describirse como un conjunto de subprocesos, un proceso de inclusión a través del cual la persona aprende, gradualmente, a adaptarse a los patrones del grupo dominante y abandonar los anteriores. El proceso se considera completo cuando la persona se halla integrada por entero en el grupo cultural dominante (McLemore; 1980:4).

Existiendo cuatro formas de asimilación: cultural, conyugal, estructural primaria y estructural secundaria.

Este modelo considera que las personas nacidas en el extranjero mantienen su cultura de procedencia, unos más y otros menos, pero que esta cultura extraña puede interferir no solo en la interacción personal que implica el cuidado, sino también en el desarrollo del propio cuidado, por ello la Dra. Spector se plantea "medir" el apego a su cultura de procedencia, para poder reconocer la dificultad en el desarrollo de la labor de cuidar, y plantear soluciones a estos problemas; para ello se utiliza el término de consistencia hereditaria concepto desarrollado por Estes, G. y Zitzow, D., en 1980, para describir hasta que grado el estilo de vida de un individuo refleja su cultura tradicional" (Spector, R.; 2002:5); ampliándose la teoría para abarcar las culturas europeas, asiáticas, africanas o americanas, así este concepto nos permite estudiar hasta que punto la persona mantiene su herencia tradicional y determinar el alcance de dicha herencia.

La Dra. Spector presenta un test o matriz para medir esta llamada "consistencia" y que ha aplicado a lo largo de los años a sus alumnos, y que expone en su libro (Spector, R.: 2002).

Debemos decir que según nuestra opinión, el modelo parece de aplicación en el ámbito anglosajón particularmente en el estadounidense, dado que las circunstancias de migración y de aculturación forzada, no se reproducen en España con carácter particular, ni en Europa con carácter general; y nosotros creemos que su adaptación a nuestra realidad está por desarrollarse.

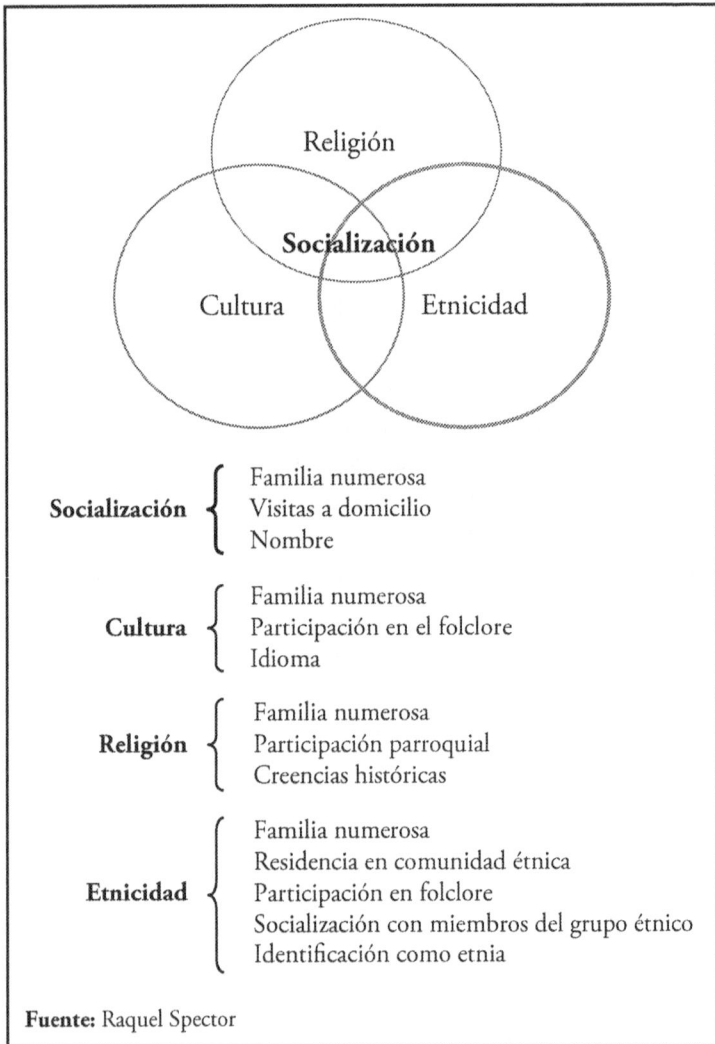

Socialización	{	Familia numerosa Visitas a domicilio Nombre
Cultura	{	Familia numerosa Participación en el folclore Idioma
Religión	{	Familia numerosa Participación parroquial Creencias históricas
Etnicidad	{	Familia numerosa Residencia en comunidad étnica Participación en folclore Socialización con miembros del grupo étnico Identificación como etnia

Fuente: Raquel Spector

Figura 2. El Modelo de consistencia hereditaria

Bibliografía

Ackernecht, E. (1985) *Medicina y Antropología social,* Akal Universitaria.

Bartoli, P. (1991), "Práctica médica y antropología: Un encuentro posible" En Devillard, M.J. *et al.* (1991), *La voz callada. Aproximación antropológico-social al enfermo de artritis reumatoide,* Madrid, Consejería de Salud.

Bernalte, A.; Borja, D.; Ilundaín, E.; Llacer, B. (2000), *Enfermeros y Antropólogos. Cuatro itinerarios iniciáticos,* Murcia, María Teresa Miret García Editora.

Bernalte, A.; Miret, M.T. (2002). *Una guía de educación para la salud desde la mirada antropológica,* Cádiz, Servicio de publicaciones UCA.

Briones, R. "Creencias y salud: curanderos y prácticas sanatorias", en Becerra, S. (Coord.) *Religión y cultura,* Vol. Nº 1. Sevilla. Consejería de Cultura, Fundación Machado.

Buck, C.; Llopis, A. y otros (1988), "Los desafíos de la epidemiología. Problemas y lecturas seleccionadas", OPS, Washington; tomado de *Memorias de la historia natural y médica de Asturias,* reimpresas y anotadas.

Buylla y Alegre, A.; Sarandeses y Alvarez, R. (1900), *Escuela tipográfica del hospicio,* Oviedo.

Bastide, R. (1977). *Antropología aplicada,* Buenos Aires, Amorrortu Editores.

Buytendijk, F.J.J. (1956), *Allgemeine Theorie der menschlichen Haltung und Bewegung*, Berlín, Springer.

Cabañas, M. J.; Izaguirre, C. y cols. (1990), "Control de calidad en el proceso de atención de salud del lactante", *Anales Españoles de Pediatría*, 33, 2 (106-112).

Campos, R. (Comp.). (1992), *La Antropología médica en México*. (Tomo 1), México. Ed. Universidad Autónoma Metropolitana.

Campos, R. (Comp.). (1992), *La Antropología médica en México*. (Tomo 2). México. Ed. Universidad Autónoma Metropolitana.

Canals, J.; Romaní, O. "Médicos, medicina y medicinas: del sacerdocio al marketing", en *Archipiélago* 25

Cantón, M. (2001), *La razón hechizada*, Barcelona, Ariel Antropología.

Cárdenas, E. (1996), *Terminología Médica*, México, Mc Graw-Hill. Interamericana.

Casal, G. (1988), *Historia natural, y médica de el Principado de Asturias*, Edición Facsímil del texto de 1762, Oviedo, Consejería de Cultura, Principado de Asturias.

Coe, R. M., (1973), *Sociología de la Medicina*, Madrid, Alianza.

Colliore, M. F. (1993), "Utilización de la antropología para abordar las situaciones de cuidados", Revista *ROL de Enfermería*, nº 179-180, julio-agosto.

Comelles, J. M.; Martínez, A. (1993), *Enfermedad, Cultura y Sociedad*, Madrid, Eudema.

Creswell, R.; Godelier, M. (1981), *Útiles de encuesta y de análisis antropológicos*, Madrid, Fundamentos.

De Miguel, J. M. (1980), "Introducción al campo de la Antropología Médica". En Kenny, M.y De Miguel, J. M. (eds.), *La Antropología Médica en España*, Barcelona, Anagrama.

Devillard, M. J.; Otegui, R.; García, P. (1991), *La voz callada. Aproximación antropológico-social al enfermo de artritis reumatoide*, Consejería de Salud, Comunidad de Madrid.

Eisenberg, L y Kleinman, A. (eds.) (1981), *The Relevance of Social Science for medicine*, Dordrecht, Reidel Pub.Co.

Evans-Pritchard, E. E., *Magía y brujería entre los Azande.*

Foster, G. (1974). *Antropología aplicada*, México, Fondo de Cultura Económica.

Foucault, M. (1990). *La vida de los hombres infames. Ensayos sobre desviación y dominación*, Madrid, La Piqueta.

Gárfer, J.L. (1999), *Coplero popular*, Edimat Libros, Madrid.

Geertz, C.; Clifford, J. y otros (1988). *El surgimiento de la Antropología posmoderna*, Barcelona, Gedisa.

Creswell, R.; Godelier, M. (1981). *Útiles de encuesta y de análisis antropológicos,* Madrid, Fundamentos.

González, E.; Comelles, J. M. (2000). *Psiquiatría transcultural,* Asociación Española de Neuropsiquiatría. Valladolid.

Granero, X.; Mallart, LL. *et al.* (1984), *Antropología i Salut,* Fundació Caixa de Pensions. Barcelona.

Greenwood, D. (1984), "Medicina intervencionista versus medicina naturalista: historia antropológica de una pugna ideológica" en *Arxiu d'etnografia de Catalunya* n° 3, págs. 57-81.

Guba, E. G.; Lincoln, Y. S. (2000), "Paradigmas en competencia en la investigación cualitativa". En Denman, C.; Haro, J. A. (comp.). *Por los rincones: antología de métodos cualitativos en la investigación social,* México, Colegio de Sonora.

Harris, M. (2002), *Introducción a la antropología general*, Madrid, Alianza.

Helman, C.G. (1990), *Culture, health and illness,* London, Wright.

Kenny, M.; De Miguel, J. (1980). *La Antropología Médica en España*, Barcelona, Anagrama.

Kleinman, A. (1997), Writing at the Margin, Berkeley, University of California Press.

Kleinman, A. (1980), *Patients and healers in the context of culture,* Berkeley, University of California Press.

Kleinman, A; Kleinman, J. "Lo moral, lo político y lo médico. Una visión socio-somática del sufrir" en González, E.; Comelles, J. M. (2000), *Psiquiatría transcultural,* Valladolid, Asociación Española de Neuropsiquiatría.

Leininger, M. (1970), *Nursing and Anthropology: Two worlds to blends,* New York, John Wiley & Song.

Leininger, M. (1974), *Health Care Dimension,* Philadelphia, F.A. Davis.

Leininger, M. (1984), *Reference Sources for Transcultural Health and Nursing,* Torofare, N. J. Charles B. Slack.

Leininger, M. (1991), *Culture care diversity and universality: A teory of nursing,* New Cork, National League for Nursing Press.

Leininger, M. (1995), *Transcultural nursing: Concepts, theories and practice.* Columbus, OH. Mc Graw-Hill. Collage Custom Series.

Lima, O. (2004), "Siglo y medio en la construcción de un nuevo paradigma de salud", FUNDASINEIN.

Lischetti, M. (1999), *Antropología,* Buenos Aires, Eudeba.

Llobera, J. R. (1999). *La identidad de la Antropología,* Barcelona, Anagrama.

Maglio, F.; Figini, H. y otros (2000), *Fundamentación y contenido de la Medicina Antropológica,* Buenos Aires, Sociedad Argentina de Antropología Médica.

Malinowski, B. (1995), *Los argonautas del pacífico occidental,* Barcelona, Península.

Mallart, L.L., (1992), *Sóc fill dels evuzoc,* Barcelona, La Campana.

Mallart, L.L. (2001), *Okupes a l'África,* Barcelona, La Campana.

Marriner-Tomey, A.; Raile, M. (1999), *Modelos y Teorías en Enfermería*, Cuarta edición, España, Hardcourt Brace.

Martin, A.; Cano, J.F. (1991), *Atención Primaria. Organización y pautas de actuación en consulta*, Barcelona, Mosby-Doyma.

Martínez, A. (1984), "Eficacia simbólica, eficacia biológica. Hacia un nuevo modelo analítico y terapéutico en la asistencia sanitaria", Revista Rol de Enfermería, nº 172, diciembre.

Martínez, A. "Antropología de la Salud. Una aproximación genealógica", en Prat, J. y Martínez, A. (eds.), *Ensayo de Antropología Cultural. Homenaje a Claudio Esteva Fabregat*, Barcelona, Ariel Antropología.

Martinez, A. y colaboradores, "Antropología y Psiquiatría. Una genealogía sobre la cultura, el saber y la alteridad" en González, E.; Comelles, J.M. (2000), *Psiquiatría transcultural*, Valladolid, Asociación Española de Neuropsiquiatría.

Menéndez, E. (1952), "Grupo doméstico y proceso salud / enfermedad / atención. Del "teoricismo" al movimiento continuo", *Cuadernos Médico Sociales* Nº 59.

Menéndez, E. (1990), "Morir de alcohol. Saber y hegemonía médica", México, Alianza.

Menéndez, E. (1978), "El modelo médico y la salud de los trabajadores" en Franco BASAGLIA et al., *La salud de los trabajadores*, México, Nueva Imagen, págs. 11-53

Menéndez, E. (1992), "Modelo hegemónico, modelo alternativo subordinado, modelo de autoatención. Caracteres estructurales". En Campos Navarro, R. (comp.) (1992) "La antropología médica en México", México, UAM.

Menéndez, E (1999), "Prólogo" en Romani, O., *Las drogas. Sueños y razones*, Barcelona, Ariel.

Miret, M. T.; Bernalte, A. y otros (2002), "La inmigración en España. La búsqueda de un falso El Dorado" en VV. AA.,

Libro Actas del III Coloquio Internacional, Estudios sobre África y Asia, UNED Ceuta-Ed. Algazaras S. L.

Mishler, E. (1984), *The Discourse of Medicine: Dialectics of Medical Interviews,* Norvood, NJ, Ablex.

Navarro, V. (comp.) (1993), *Salud e imperialismo,* México, Siglo XXI.

Navarro, V. (1986), *Crisis, Health, and Medicine,* Nueva York, Tavistock Publications.

Parsons, T. (1999), *El sistema social,* Madrid, Alianza.

Piédrola, G. y cols. (1993), *Medicina Preventiva y Salud Pública,* Barcelona, Salvat.

Prat, J.; Pujadas, J. J.; Comelles, J. M. (1980), "Sobre el contexto de enfermar" en Kenny, M.; De Miguel, J. M. (comps.), *Antropología de la medicina en España,* Barcelona, Anagrama.

Quintana, J.M. (1989), *La terminología médica a partir de sus raíces griegas,* Madrid, Dykinson.

Rees, C. (1994), "Records and Hospital Routine" en Atkinson, P. y C. Heath (comps.), *Medical Work Realities and Routines,* Fairnborough, Gower.

Rodríguez, J.; De Miguel, J. M. (1990), "Salud y poder", Madrid, CIS (Monografías nº 112).

Rojas, R. (1990), *El proceso de investigación científica,* México, Trillas.

Ruiz. J. I. (1999), *Metodología de la Investigación cualitativa,* Bilbao, Universidad de Deusto.

Sacks, O. (1997), *El hombre que confundió a su mujer con un sombrero,* Barcelona, Muchnik.

Scheper-Hugues, N. (1992), *La muerte sin llanto. Violencia y vida cotidiana en el Brasil,* Barcelona, Ariel.

Siebeck, R (1957), *Medicina en Movimiento,* Barcelona, Científico Médica.

SendraiL, M. (1983), "Bajo la mano de Ishtar", en *Historia cultural de la enfermedad*, Madrid, Espasa Calpe.

Sontag, S. (1996), *El sida y sus metáforas*, Madrid, Taurus.

Sontag, S. (1978), *La enfermedad y su metáforas*, Madrid, Taurus.

Spector, R. (2002), *Las culturas de la Salud*, Madrid, Pearson Educación.

Stagnaro, J. C. "Biomedicina o Medicina antropológica", *Vertex. Revista Argentina de Psiquiatría*, 2002, Vol. XIII: 19-26.

Stocking, G. W. (1983), *Observers Observed. Essays on Ethnographic Fieldwork*, University of Wisconsin Press.

Teide (1998), *Diccionario Médico Teide*, Barcelona, Teide.

Thomas, L.V. (1993), *Antropología de la muerte*, México, Fondo de Cultura Económica.

Turner, V. (1990), *La selva de los símbolos*, Madrid, Siglo XXI.

Turner, V. (1988). *El proceso ritual. Estructura y antiestructura*, Madrid, Taurus.

Uribe, J. M. (1996), "Educar y curar. El dialogo cultural en Atención Primaria", Madrid, Ministerio de Cultura.

Vázquez, H. (1982), *El estructuralismo, el pensamiento salvaje y la muerte*, México, Fondo de Cultura Económica.

Índice

Editorial LibrosEnRed

LibrosEnRed es la Editorial Digital más completa en idioma español. Desde junio de 2000 trabajamos en la edición y venta de libros digitales e impresos bajo demanda.

Nuestra misión es facilitar a todos los autores la **edición** de sus obras y ofrecer a los lectores acceso rápido y económico a libros de todo tipo.

Editamos novelas, cuentos, poesías, tesis, investigaciones, manuales, monografías y toda variedad de contenidos. Brindamos la posibilidad de **comercializar** las obras desde Internet para millones de potenciales lectores. De este modo, intentamos fortalecer la difusión de los autores que escriben en español.

Nuestro sistema de atribución de regalías permite que los autores **obtengan una ganancia 300% o 400% mayor** a la que reciben en el circuito tradicional.

Ingrese a www.librosenred.com y conozca nuestro catálogo, compuesto por cientos de títulos clásicos y de autores contemporáneos.

www.ingramcontent.com/pod-product-compliance
Lightning Source LLC
Chambersburg PA
CBHW020706270326
41928CB00005B/291